SOMOS ESPOSOS

... ¿Y AHORA QUIÉN PODRÁ AYUDARNOS?

Publicado por
Editorial Unilit
Miami, Fl. 33172
Derechos reservados

© 2010 Editorial Unilit
Primera edición 2010
Primera edición 2011 (Serie Favoritos)

© 2010 por Jeffrey y Wenona De León
Todos los derechos reservados.

Reservados todos los derechos. Ninguna porción ni parte de esta obra se puede reproducir, ni guardar en un sistema de almacenamiento de información, ni transmitir en ninguna forma por ningún medio (electrónico, mecánico, de fotocopias, grabación, etc.) sin el permiso previo de los editores. La única excepción es en breves citas en reseñas impresas.

Traducción y edición: Nancy Pineda
Diseño de la portada: Ximena Urra
Fotografía de portada e ilustraciones: Elena Yakusheva, Cheeyin
Usado con la autorización de Shutterstock.com.
Used under license from Shutterstock.com.

A menos que se indique lo contrario, las citas bíblicas se tomaron de la Santa Biblia, *Nueva Versión Internacional*. © 1999 por la Sociedad Bíblica Internacional.
Las citas bíblicas señaladas con rv-60 se tomaron de la Santa Biblia, Versión Reina Valera 1960. © 1960 por la Sociedad Bíblica en América Latina.
Las citas bíblicas señaladas con tla se tomaron de la *Biblia para todos*, © 2003. Traducción en lenguaje actual, © 2002 por las Sociedades Bíblicas Unidas.
Las citas bíblicas señaladas con lbla se tomaron de la Santa Biblia, *La Biblia de Las Américas*. © 1986 por The Lockman Foundation.

Producto 495746
ISBN 0-7899-1800-5
ISBN 978-0-7899-1800-0

Impreso en Colombia
Printed in Colombia

Categoría: Vida cristiana /Relaciones /Amor y matrimonio
Category: Christian Living /Relationships /Love & Marriage

Contenido

Introducción..5

1. El amor, el enamoramiento y el romance.............. 9

2. Dios creó a Adán y Eva, no a Adán y al hijo 39

3. La comunicación... 67

4. Los amigos afines 109

5. Jugar y servir juntos: La inversión en la otra persona.. 145

6. De acuerdo en las finanzas 171

7. Las necesidades de tu pareja 205

Conclusión: *El olvido de poner primero a Dios*...............239

Acerca de los Autores..263

Introducción

Hace poco tiempo escuchamos una entrevista entre un periodista muy reconocido y un cantautor muy reconocido también. Durante la entrevista en la televisión internacional, se tomaron la libertad de maltratar, criticar y desacreditar, en esencia, todo lo referente al matrimonio. Todos sabemos que estos dos personajes han tenido muy malas experiencias con sus matrimonios, pero no creo que esto les dé el derecho de sugerir siquiera que debe desaparecer el matrimonio.

¡Qué desastre y qué desilusión que hoy usemos los medios de comunicación masiva para desacreditar una institución tan importante y tan ideal si consideramos que fue Dios el que diseñó el matrimonio! Además, ¡qué buena idea! Dios pensó darle al hombre la oportunidad de amar a su esposa y así mostrar el amor que Él tiene por la iglesia. La respuesta de la esposa ante este amor debería ilustrar la respuesta de los cristianos ante el amor incondicional y sacrificial de Dios.

Existen muchos libros escritos para matrimonios. Varios son abstractos, teóricos y vagos. Este libro es diferente. Este libro hace que sea personal en realidad. Cuando escribimos, tratamos de ser transparentes y sinceros. Nuestra esperanza es que a través de muchos ejemplos logremos analizar asuntos importantes que a menudo se pasan por alto en los libros sobre el matrimonio. Este libro no trata sobre cómo las parejas perfectas pueden vivir vidas perfectas. Más bien contiene principios e historias divertidas de la vida real que muestran cómo las parejas muy imperfectas pueden encontrar la voluntad perfecta y fantástica de Dios en sus matrimonios y sus vidas.

Este libro se escribió de manera específica para parejas. Aunque existen errores que cometen los cónyuges en la crianza de los hijos que dañan la relación, no nos enfocaremos en este aspecto. Este no es un libro sobre la crianza de los hijos. Este libro se escribió a fin de alentar y ayudar a las parejas a impedir el fracaso en sus relaciones y sus matrimonios.

Es importante iniciar nuestra lectura aclarando que la lista de cosas que hacemos como pareja, y que arruinan nuestra relación, no está en orden de importancia. Estamos convencidos que el olvido de cualquiera de estas cosas puede causar cierta tensión dentro de la relación. Con una combinación de varias de estas cosas, la relación podría estar en serios problemas. La mayoría de estas cosas se pueden evitar si dedicamos el tiempo necesario para mejorar en estas esferas. Está claro que ninguno de nosotros tiene tiempo para hacer más cosas. Por esta razón, es indispensable entender que si nuestra relación va a caminar bien, vamos a tener que hacer el tiempo.

A cada momento nos encontraremos con otras cosas que nos alejarán de invertir el tiempo necesario en lo que es importante en realidad. Esto hace que recuerde todas las veces en las que mi esposa y yo hemos mostrado alguna especie de afecto o demostración física de nuestro amor delante de nuestros hijos y nunca falta el momento en que uno de ellos trate de pararse entre nosotros dos. No lo hacen por maldad, ni lo hacen porque no les guste que papá y mamá muestren su cariño delante de ellos. Estos momentos solo ilustran que siempre habrá situaciones que podrían desviarnos de hacer lo apropiado.

Hace mucho tiempo que los expertos vienen diciéndonos que el afecto físico moderado manifestado delante de nuestros hijos tiene un efecto positivo en sus vidas. Sin embargo, esta sencilla ilustración muestra la necesidad que tenemos de ser muy intencionales en buscar y hacer el tiempo para trabajar en estas esferas.

San Agustín dijo: «El mundo es un libro y los que no viajan solo han leído una página». De igual modo, nuestro matrimonio es como un libro. Esos que solo han leído el capítulo de la atracción, o han experimentado la fase de luna de miel, solo han leído un capítulo, el primer capítulo... ¡y ese ni siquiera es el mejor! Cada capítulo trae nuevos encantos, desafíos, recuerdos, emociones profundas y comprensión... así que para el final del libro de nuestro matrimonio, ¡el primer capítulo palidecerá en comparación! ¡Escribamos juntos todos los capítulos!

CAPÍTULO 1

El amor, el enamoramiento y el romance

Aclarémoslo de una vez por todas. El romance, el estar enamorado y el amar a alguien son tres cosas diferentes. Podrían estar relacionadas, pero ninguna depende de la otra. Pensemos por un momento y preguntémonos: ¿Alguna persona podría amar a alguien sin estar enamorado de esa persona? Por otro lado, ¿será posible estar enamorado sin amar a la persona? Otra pregunta interesante sería esta: ¿Existe la posibilidad de que una persona sea romántica sin estar enamorado o sin amar a la otra persona?

Te lo ilustraremos con la historia de una chica que llegó a nuestra oficina para consejería.

Esa chica tenía dos notas en su mano. Una era del médico y la otra era de su ex novio. La nota del médico decía que estaba embarazada. En ese instante la miré a los ojos y le dije que la nota decía que estaba embarazada. La chica inclinó su cabeza y me dijo: «Más o menos». ¿Puede alguna mujer que esté leyendo este libro explicarnos lo que significa «más o menos embarazada»? Una chica está o no está embarazada, pero no existe lo de más o menos embarazada. ¿Cuál fue la explicación de esta chica?

«En realidad, no lo amaba», dijo y prosiguió a confesar que se enamoró. En otras palabras, sintió cierta atracción sensual o romántica hacia el chico y no dudó en entregarle su cuerpo con tal de recibir cierta satisfacción a la atracción sentimental. Es decir, sintió enamoramiento por el chico.

La otra nota que tenía era la que le dejó el chico después que supo que se había quedado embarazada. La nota decía algo así: «Querida... bla, bla, bla, bla... ¿Cómo sabes que el niño es mío?». ¿Se le puede llamar a esto amor verdadero? ¡De seguro que no! Si el chico hubiera amado en realidad a esta chica, no se hubiera aprovechado de su vulnerabilidad y necesidad de afecto físico. Tampoco se hubiera atrevido a tratarla de semejante manera después que supo que la chica estaba embarazada.

Podemos amar a alguien sin estar enamorado de ese alguien.

Esta y miles de otras tristes historia de enamorados ilustran cómo alguien puede llegar a confundir el amor con estar enamorado. Ninguno de nosotros ha escuchado decirle a otra persona que está enamorada de sus enemigos seguido por un suspiro. Por supuesto que no. Sin embargo, Dios nos llama a amar a nuestros enemigos. Esto quiere decir que podemos amar a alguien sin estar enamorado de ese alguien. Otra forma de explicarlo sería decir que mi deseo es que mis hijos me amen, pero no quiero que se enamoren de mí. Nosotros podemos amar a nuestros lectores, pero eso no significa que estemos enamorados de ustedes. No confundamos estar enamorado con amar.

Por favor, no me malentiendas. No existe nada de malo en estar enamorado de tu pareja, siempre y cuando el verdadero amor sea lo que motive este enamoramiento.

LA DEFINICIÓN DE LA PALABRA «AMOR»

Tal vez valga la pena definir cada una de las palabras relacionadas con el amor utilizando el Diccionario de la Lengua Española que, entre otras cosas, dice[1]:

1. Romance: Relación amorosa pasajera.
2. Enamoramiento: Acción y efecto de enamorar o enamorarse.

Ahora veamos lo que dice la Biblia con relación al mayor motivador del ser humano. Además, expliquemos la definición de la palabra más importante en el matrimonio: «Amor». En Efesios 5:28-29 (RV-60), Pablo nos enseña la definición de amor.

> Así también los maridos deben amar a sus mujeres como a sus mismos cuerpos. El que ama a su mujer, a sí mismo se ama. Porque nadie aborreció jamás a su propia carne, sino que la sustenta y la cuida, como también Cristo a la iglesia.

Esto quiere decir que si el hombre desea amar a su pareja, tiene que amarse a sí mismo.

El pasaje explica que para que pueda amar a mi esposa, Wenona, tengo que aprender a amarme a mí mismo. Esto quiere decir que si el hombre desea amar a su pareja, tiene que amarse a sí mismo. Sin embargo, ¿qué quiere decir amarse uno mismo? El versículo 29 no solo nos aclara cómo se ama uno mismo, sino que también nos enseña la definición de amor.

En varias ocasiones les he pedido a grandes grupos de personas en conferencias, o a través del programa de radio, que definan la palabra «amor». Es lamentable, pero son pocos los que pueden definir el amor. En la mayoría de los casos, las personas creen que el amor es tan solo un sentimiento.

En la mayoría de los casos, las personas creen que el amor es tan solo un sentimiento.

En una de las oportunidades en las que dejamos que las parejas expresaran con franqueza lo que es el verdadero amor, uno de los participantes pasó al frente muy orgulloso y tomó el micrófono para darnos la definición de amor que, según él, le había ayudado toda su vida. Con postura muy seria y con rostro de poca convicción dijo: «En todas las relaciones de enamorado en las que he participado he encontrado que el amor es el sentimiento más noble, el sentimiento más fuerte y el sentimiento más traicionero que puede tener el ser humano». Más tarde, averiguamos que la pareja número cuatro de esta persona estaba a su lado en la conferencia. ¿Cuarta pareja? Esto deja mucho que desear, en especial si considera que el amor es un sentimiento traicionero. Me pregunto: ¿Cuántas veces ha traicionado a sus parejas, o sus parejas le han traicionado a él, por dejarse llevar por un sentimiento que no tenía nada que ver con el amor?

Créeme, le he preguntado a miles de personas la definición de amor y pareciera ser que cada uno tiene su propio concepto de lo que es el amor en realidad. Entonces, ¿por qué es tan importante saber la definición del amor? Antes que todo, analicemos algunas preguntas importantes: Si no sabes qué es el amor, ¿cómo percibes que alguien te ama? Si no sabes qué es el amor, ¿cómo te percatas que amas a alguien?

Muchos utilizan 1 Corintios 13 para definir el amor, pero como bien dijo Josh McDowell, 1 Corintios 13 solo nos dice lo que hace el amor, pero no nos dice lo que es el amor. Otros señalan que la definición de amor es Dios, pues la Biblia dice: «Dios es amor» (1 Juan 4:8). Esto, por supuesto, nos muestra quién es amor, pero no define el amor. Efesios 5:29 (RV-60) sí define lo que es el amor.

Amor es sustentar y cuidar.

En Efesios 5:29 (RV-60), la palabra «sino» da paso a la definición de «amor»:

Nadie aborreció jamás a su propia carne, sino que la sustenta y la cuida, como también Cristo a la iglesia.

Amor es sustentar y cuidar. Por supuesto, las parejas que tienen pensado salir juntos el viernes por la noche no caminan de la mano diciendo: «Nos vamos a sustentar y cuidar». Cuando hablamos del amor, no utilizamos palabras como «sustentar» y «cuidar», sino solo decimos: «Te amo». Entonces, ¿qué quiere decir sustentar y cuidar? Analicemos cada una de las palabras por separado.

sustentar

El pasaje dice que el marido se sustenta y se cuida para amarse a sí mismo. Por lo tanto, con ese amor puede amar a otra persona. ¿Qué quiere decir la palabra «sustentar»? La palabra «sustentar» significa, entre otras cosas, «proveer a alguien del alimento necesario»[2], así que está relacionada con la provisión de todos los nutrientes o elementos que hacen falta para el crecimiento integral del individuo. Aplicado a mi persona, esto quiere decir que, si me voy a amar, voy a hacer todo lo posible para proveer todos los elementos o nutrientes necesarios para mi crecimiento integral. Voy a procurar la provisión de elementos o nutrientes que me ayuden en mi vida social, espiritual, material e intelectual.

> Si me voy a amar, voy a hacer todo lo posible para proveer todos los elementos o nutrientes necesarios para mi crecimiento integral.

La palabra clave que nos ayuda a entender esto es «proveer». Esto lo comprobamos en los gansos. Cerca de nuestra casa hay varios lagos y allí encontramos muchos gansos con sus polluelos. En varias ocasiones hemos visto cómo la mamá gansa alimenta (provee) a sus polluelos. Sin embargo, también la hemos visto proteger a sus polluelos cuando nos acercamos para verlos.

cuidar

La otra palabra que encontramos en el pasaje es «cuidar». ¿Qué quiere decir la palabra «cuidar»? Si recurrimos al diccionario, nos dice: «Poner diligencia, atención y solicitud en la ejecución de algo. Asistir, guardar, conservar. Mirar por la propia salud»[3]. En resumen, «protegerme de todo elemento que amenace mi crecimiento integral como persona». Recurrimos a todo esto para decirte que la definición más sencilla de «amor» que existe es «proteger y proveer».

En Efesios 5:25 encontramos que debemos amar «como Cristo amó a la iglesia y se entregó por ella». Entonces, ¿cómo sabemos que Dios nos ama? Lo sabemos porque Él nos protege y provee para todas las necesidades que tenemos como seres humanos. Dios entregó a su Hijo (proveyó) para que podamos ser salvos y, ahora, nos protege de todo mal. Si alguna pareja va a esperar tener una relación de amistad que perdure, tendrá que demostrarse que se aman el uno al otro. O sea, que entienden que su vida completa debe reflejar su mutuo amor. Es decir, que se protegen y proveen para que juntos puedan experimentar de manera continua un crecimiento completo en todas las esferas de sus vidas.

Si alguna pareja va a esperar tener una relación de amistad que perdure, tendrá que demostrarse que se aman el uno al otro.

El ejemplo del pasaje de Efesios es claro. El apóstol Pablo nos dice: «Porque nadie aborreció jamás a su propia carne, sino que la sustenta y la cuida, como también Cristo a la iglesia» (v. 29, RV-60). Entonces, la pregunta que debemos hacernos es la siguiente: ¿Cómo Cristo cuidó a la iglesia? ¿No entregó Él su vida por nosotros, su iglesia, a fin de protegernos y salvarnos de la destrucción eterna? Como dice Efesios 5:25: «Esposos, amen a sus esposas, así como Cristo amó a la iglesia y se entregó por ella».

La mayoría de los hombres puede citar los versículos que dicen que la mujer debe someterse a su esposo y respetarlo. Sin embargo, ¿cuántos hombres se dan cuenta de que su tarea es proveer para sus esposas y familias, y hasta protegerlas con sus propias vidas? ¡Eso fue lo que hizo Cristo por nosotros! ¡Eso es amor! Juan 15:13 (RV-60) dice:

> **Nadie tiene mayor amor que este, que uno ponga su vida por sus amigos.**

Ahora que ya entendimos este punto, apliquemos esta información a una de las tonterías más fáciles de cometer entre parejas. Conozco lindas parejas que se olvidan a propósito de programar actividades románticas juntos o de hacerlas de manera creativa. Por lo general, los quehaceres diarios pueden contribuir a que las parejas ya no inviertan tiempo haciendo cosas románticas.

Recordemos que una de las necesidades principales de la mujer es el afecto (no necesariamente físico). Las mujeres se crearon para recibir afecto, para que las traten de una forma especial. A los hombres nos crearon con la capacidad de ser creativos en el modo que mostramos amor, afecto, atracción y respeto. ¿Por qué no disfrutar de este maravilloso proceso en el que juntos busquemos nuevas y creativas maneras de mostrar nuestro romanticismo? ¡No hay excusa! Todo ser humano tiene esta capacidad. Toda pareja que no quiere cometer el error de olvidarse del papel que representa el romanticismo en su relación, debe proponerse de forma deliberada ser creativa y buscar oportunidades para mostrarse su afecto mutuo.

> Toda pareja que no quiere cometer el error de olvidarse del papel que representa el romanticismo en su relación, debe proponerse de forma deliberada ser creativa y buscar oportunidades para mostrarse su afecto mutuo.

EL AMOR VERTICAL Y EL HORIZONTAL

Es importante aclarar la parte vertical y la horizontal del amor, pues no reflejo mi amor hacia Dios protegiéndole y proveyéndole. Le muestro mi amor a Dios mediante la obediencia. Es muy parecido a la relación con nuestros hijos. Nosotros les amamos protegiéndolos y proveyendo para ellos y ellos, responden a ese amor con obediencia como reflejo del amor que sienten por nosotros. La obediencia a Dios es la evidencia de nuestro amor por Él. Esta es la expresión del amor vertical.

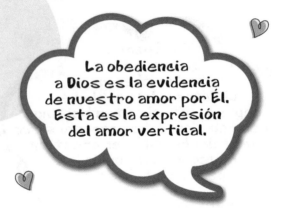

La obediencia a Dios es la evidencia de nuestro amor por Él. Esta es la expresión del amor vertical.

En este capítulo, explicamos la expresión del amor horizontal cuando decidimos proteger y proveer para la persona que recibe este amor. Si quisiéramos que todos estuviéramos motivados a decidir amar a nuestra pareja, sería buena idea practicar el romanticismo y, por tanto, disfrutar del enamoramiento cuando el sentimiento que sigue es la acción adecuada de amar. No podemos esperar que el sentimiento venga para poder hacer lo que se debe. Primero, hacemos lo apropiado y, como resultado, lograremos experimentar sentimientos maravillosos. Una pareja inteligente peleará para que su relación sea mucho más profunda que sentimientos y cenas románticas.

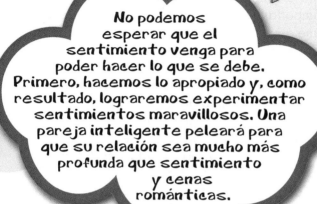

No podemos esperar que el sentimiento venga para poder hacer lo que se debe. Primero, hacemos lo apropiado y, como resultado, lograremos experimentar sentimientos maravillosos. Una pareja inteligente peleará para que su relación sea mucho más profunda que sentimiento y cenas románticas.

UN ESTADO MENTAL: UNA DECISIÓN

El amor es una decisión. El romance quizá comience como un estado mental. Hace algún tiempo, estaba hablando con un cristiano de la India. Me dijo que él, siendo cristiano, se casó con una mujer que la había visto solo una vez antes del día de la boda. Su matrimonio lo «arreglaron» sus padres.

—¿Los padres en la India no confían en las decisiones de sus hijos? —le pregunté.

—¿No confías en tus padres? —me respondió con esta pregunta. Luego, prosiguió—: ¿En quién más, después de Dios, puedo confiar para que me ayude a tomar las decisiones más importantes de mi vida? ¿Qué otras personas me aman más?

—Sin embargo, ¿cómo te enamoraste de alguien que solo habías visto una vez? —le cuestioné—. ¿Cómo es que has estado muy felizmente casado durante veinte años ahora?

Ante estas preguntas, mi amigo sonrió con satisfacción antes de responderme.

—La clave de la felicidad en Cristo es la confianza y la decisión. Confié en que Dios usaría a mis padres para traer a la persona adecuada a mi vida. Así que tomé la decisión de amarla. No he dejado de amarla desde entonces.

El amor es una decisión. ¿Por qué es que nosotros, con los avances del siglo veintiuno, dependemos de *nuestro corazón* para encontrar nuestra alma gemela? ¿Por qué evaluamos nuestros matrimonios a la luz de nuestros *sentimientos* de romance o amor? En el libro de Jeremías, capítulo 17 y versículo 9, dice: «Nada hay tan engañoso como el corazón. No tiene remedio. ¿Quién puede comprenderlo?».

¡Qué diferente pensamos en nuestra cultura occidental en comparación con nuestro amigo de la India! Teniendo en cuenta la alta tasa de divorcios y el hecho de que los cristianos se divorcian en una tasa igual a las de los no

> No deberíamos desechar la búsqueda de consejo en nuestras decisiones tanto antes como después del matrimonio.

cristianos, quizá deberíamos considerar otros paradigmas que apoya la Escritura tanto para la elección como para la conservación de nuestros cónyuges. No deberíamos desechar la búsqueda de consejo en nuestras decisiones tanto antes como después del matrimonio. En efecto, ¡qué sabio es buscar el consejo de nuestros padres y otras personas piadosas en el proceso de encontrar al cónyuge!

El libro de Proverbios, capítulo 15 y versículo 22, dice: «Cuando falta el consejo, fracasan los planes; cuando abunda el consejo, prosperan». En todas las culturas, a través de las edades, las personas han buscado la ayuda de los sabios a fin de encontrar la pareja adecuada y aprender el secreto del matrimonio feliz. Recuerdo la historia que escuché acerca de una casamentera piel roja de Norteamérica que hace mucho tiempo observaba la manera de ser del hombre blanco con gran escepticismo. He aquí su historia, según la puedo recordar:

> Había una vez, una sabia casamentera india conocida por sus astutas y exitosas elecciones de doncellas indias para los valientes jóvenes. Cuando el hombre blanco vino a su país, le habló de sus métodos maravillosos. En la noche, mientras sus ojos miraban sus arrugadas manos y su rostro al cálido fuego, observaba el futuro con voz cascada: «¿Cómo es que prospera el hombre blanco? No lo sé. Se juntan ellos mismos, dos llamas ardientes, como el fuego incontrolable que vuela al viento. Sin duda, deben esperar que el calor del amor caliente su tipi [tienda india] para siempre, pero esta se quema con demasiado calor y muy rápido. ¿Cuándo no se consume en llamas un bosque?», reflexionó. «Nosotros los indios lo sabemos mejor. Comenzamos nuestro amor frotando dos fríos palos. Trabajamos y trabajamos juntos hasta que aparezca una llama. El fuego vacila y crece. Pasamos años. Comenzamos a avivarlos. Con los años, le añadimos a nuestro fuego ramas, después troncos cada vez mayores. Cuando han pasado muchas lunas en nuestro tipi,

nuestros dos palos fríos son una gran llama que avergüenza el calor del sol». La mujer sacudió su cabeza con seriedad: «El hombre blanco no durará. Mejor es una chispa que se atiende, que una hoguera que se enfría en la oscuridad».

Mejor es una chispa que se atiende, que una hoguera que se enfría en la oscuridad.

¿Tenía razón la anciana casamentera? ¿Estamos experimentando el resultado de una hoguera sin atender en nuestras relaciones? ¿Comenzamos nuestra relación como bosque en llamas y hemos terminado con no más que rescoldos mortecinos y cenizas? Si es así, ¿podemos comenzar de nuevo? ¿De qué manera? A fin de comenzar en verdad otra vez, debemos comprender por qué estamos aquí. Tendremos que empezar desde el principio. En resumen, ¿por qué existen las relaciones sexuales, el romance y el matrimonio? No podemos comenzar de nuevo hasta que no sepamos la respuesta.

RELACIÓN SEXUAL Y CREACIÓN

La relación sexual... ¡cuánto abarcan estas palabras! Hollywood está obsesionado con esto. Y nosotros también. Teje una parte esencial para la sociedad y ayuda a establecer sus relaciones. Es importante para la vida del matrimonio. Sin embargo, la cantante de música pop estadounidense de los años de 1990, Tina Turner, preguntó: «¿Qué tiene que ver el amor con esto?». Respondemos con otras preguntas: ¿Nos diferenciamos en algo a los animales? ¿La relación sexual no es más que la unión de partes privadas? ¿Somos solo animales? ¿Qué tiene que ver en realidad el amor con esto? La mejor respuesta se encuentra en el relato más antiguo que conoce el ser humano. Se encuentra en el libro de Génesis, el primer libro de la Biblia.

El libro de Génesis nos habla mucho acerca de quiénes somos y del porqué estamos aquí. En resumen, en el capítulo 1 leemos que Dios creó la tierra y todo lo que conocemos en el siguiente orden:

Días de la creación[4]

Primer día	Luz (así que hubo luz y oscuridad)
Segundo día	Cielo y agua (se separaron las aguas)
Tercer día	Mar y tierra (se juntaron las aguas); vegetación
Cuarto día	Sol, luna y estrellas (para regir sobre el día y la noche, para dar origen a las estaciones, señalar los días y los años)
Quinto día	Peces y aves (para llenar las aguas y el cielo)
Sexto día	Animales (para llenar la tierra). Hombre y mujer (para cuidar la tierra y tener comunión con Dios)
Séptimo día	Dios descansó y declaró que todo lo que había hecho era muy bueno

Dios creó al ser humano en el sexto día, el cual es el mismo día en que Él creó los animales terrestres. Aunque el ser humano se creó el mismo día que los animales, Dios no lo consideró un animal en ese entonces, y tampoco lo considera hoy en día. La Biblia narra en Génesis 1:24-28, 31 lo siguiente:

> Y dijo Dios: «¡Que produzca la tierra seres vivientes: animales domésticos, animales salvajes, y reptiles, según su especie!».
> Y sucedió así. Dios hizo los animales domésticos, los animales salvajes, y todos los reptiles, según su especie. Y Dios consideró que esto era bueno, y dijo: «Hagamos al ser humano a nuestra imagen y semejanza. Que tenga dominio sobre los peces del mar, y sobre las aves del cielo; sobre los animales domésticos, sobre los animales salvajes, y sobre todos los reptiles que se arrastran por el suelo».
> Y Dios creó al ser humano a su imagen; lo creó a imagen de Dios. Hombre y mujer los creó, y los bendijo con estas palabras:
> «Sean fructíferos y multiplíquense; llenen la tierra y sométanla; dominen a los peces del mar y a las aves del cielo, y a todos los reptiles que se arrastran por el suelo» [...]
> Dios miró todo lo que había hecho, y consideró que era muy bueno. Y vino la noche, y llegó la mañana: ese fue el sexto día.

Dios hizo una clara distinción entre los animales y el ser humano. En primer lugar, Dios dice de manera específica que Él hizo las aves, los peces y todo lo que vuela en el aire y todo lo que se mueve en el mar. Al día siguiente, Dios hizo primero los animales terrestres y los insectos. A continuación, Dios decidió hacer algo especial: Tú y yo somos ese algo especial. A nosotros no nos hicieron semejantes a los animales. A nosotros no nos hicieron de otros animales como los monos ni las amebas. Nos crearon semejantes a Dios, «a su imagen». No nos hicieron para vivir vidas irracionales y fallecer sin esperanza. No nos crearon para aparearnos al azar ni buscar entre la carroña. Debíamos ser seres eternos, capaces de un amor mucho mayor que el instinto. ¡Nuestras vidas y nuestra unión en el matrimonio tienen significado eterno!

¡Nuestras vidas y nuestra unión en el matrimonio tienen significado eterno!

EL VERDADERO AMOR A LA IMAGEN DE DIOS

¿Cuál es la diferencia en nuestro amor? Mientras que a un hombre y una mujer se les concedió el privilegio del romance, muchos animales tienen bailes de apareamiento. Las personas, sin embargo, disfrutan de un romance que no tiene rivales en ninguna otra parte de la creación.

Solo los seres humanos pueden hacer el amor frente a frente. Solo los humanos están dotados con el habla y la comunicación que sustituye el instinto. Solo los humanos se pueden mirar a los ojos el uno al otro, besarse y expresarse palabras de afecto mientras hacen el amor. Solo los humanos pueden unir sus cuerpos, almas y espíritus mientras tienen relaciones sexuales. Solo Dios hizo el verdadero acto de hacer el amor. Él inventó la relación sexual. Él la diseñó para que sea significativa, romántica, sensual y espiritual. Ninguna palabra mal sonante y grosera puede describir la maravilla y la belleza de la verdadera relación sexual. Tampoco hay lugar para tal conversación en el poema de tu amor.

El romance del verdadero amor es tan bello que todo un libro de la Biblia está dedicado a él. Su nombre es «Cantar de cantares». Si tienes la oportunidad, léelo. Te advierto, ¡el libro es poesía explícita y soñadora en acción! Aquí tienes algunas palabras del poema del rey Salomón y la canción de amor de su reina. Cantares 6:10 murmura o susurra una canción de admiración y amor:

> ¿Quién es esta, admirable como la aurora? ¡Es bella como la luna, radiante como el sol, majestuosa como las estrellas del cielo!

También encontramos estas hermosas palabras en Cantares 8:6-7:

> Grábame como un sello sobre tu corazón; llévame como una marca sobre tu brazo. Fuerte es el amor, como la muerte, y tenaz la pasión, como el sepulcro. Como llama divina es el fuego ardiente del amor. Ni las muchas aguas pueden apagarlo, ni los ríos pueden extinguirlo. Si alguien ofreciera todas sus riquezas a cambio del amor, solo conseguiría el desprecio.

Hay tanto más en el encuentro sexual que Dios diseñó para los seres humanos de lo que los animales podrían experimentar o captar. Dios hizo el amor para que sea mucho más que un sentimiento. ¡Esto es una decisión! Es un vínculo prodigioso que dura por la eternidad. Nos hicieron para algo mucho mayor que un momento de unión. ¡Nos crearon a la imagen y semejanza de Dios y para su propósito!

Dios hizo el amor para que sea mucho más que un sentimiento.

El capítulo 2 del libro de los «comienzos» (Génesis 2:18-24), relata con más detalles el sexto día cuando Dios decidió hacer algo asombroso por Adán:

> Dios el SEÑOR dijo: «No es bueno que el hombre esté solo. Voy a hacerle una ayuda adecuada». Entonces Dios el SEÑOR formó de la tierra toda ave del cielo y todo animal del campo, y se los llevó al hombre para ver qué nombre les pondría. El hombre les puso nombre a todos los seres vivos, y con ese

nombre se les conoce. Así el hombre fue poniéndoles nombre a todos los animales domésticos, a todas las aves del cielo y a todos los animales del campo. Sin embargo, no se encontró entre ellos la ayuda adecuada para el hombre.

Entonces Dios el SEÑOR hizo que el hombre cayera en un sueño profundo y, mientras éste dormía, le sacó una costilla y le cerró la herida. De la costilla que le había quitado al hombre, Dios el SEÑOR hizo una mujer y se la presentó al hombre, el cual exclamó: «Esta sí es hueso de mis huesos y carne de mi carne. Se llamará "mujer" porque del hombre fue sacada». Por eso el hombre deja a su padre y a su madre, y se une a su mujer, y los dos se funden en un solo ser.

Por lo tanto, Dios hizo una creación especial para Adán. Esta vez no la formó del polvo de la tierra, ¡sino que el Creador de todo la hizo a mano de la costilla de Adán!

He oído decir esto: «A Eva no la formaron del cráneo del hombre para ser su cabeza. Tampoco la formaron de su pierna ni del pie para pisarla, sino que la formaron de su costado para que su brazo la proteja y la acerque siempre a su corazón». Eva debía ser su ayudante, su compañera, su amiga, su confidenta y su amante.

La voluntad de Dios y el propósito para tu vida es traerle gloria. Además, Él quiere que tengas gozo abundante. Él no solo inventó la relación sexual para la procreación, sino para nuestro placer también. El amor debe superar la prueba del tiempo, ser más fuerte que la muerte y debería reflejar el amor de Dios y el sacrificio en favor de nosotros. Es más, Dios nos amó tanto, que a sus seguidores les llama «su esposa» (Efesios 5:22-33; Apocalipsis 19:7, RV-60). Cristo nos amó tanto que estuvo dispuesto a morir de modo que nosotros, su esposa, pudiéramos vivir de nuevo.

¿Este es el tipo de amor que consideras verdadero? ¿Deseas experimentar un amor que crece «como llama divina» hasta que se convierte en «el fuego ardiente del amor», un amor que sea fuerte «como la muerte» que ni siquiera «las muchas aguas pueden apagarlo» (Cantares 8:6-7)? Con la ayuda y la dirección de Dios, seremos capaces de encontrar ese raro y satisfactorio amor verdadero en el matrimonio y en la pareja que tenemos hoy. Esta es la voluntad de Dios para ti. Ya sea que comenzaras tu relación como un fuego salvaje sin control o empezaras poco a poco y te hayas estado esforzando a fin de crear la llama del amor duradero, el principio detrás del romance es la clave para tu matrimonio. El principio es la *decisión*.

Tú y tu esposa pueden comenzar a vivir el romance otra vez de una manera nunca antes experimentada, cuando decidan en este día hacer un renovado compromiso mutuo para toda la vida. Nunca consideren la opción del divorcio. Nunca permitan que se mencione siquiera la palabra «divorcio» como una alternativa o amenaza entre ustedes. Guarden sus ojos y mentes de enfatizar la disponibilidad o la posibilidad de otro amante (en oculto o a la luz). ¡No le permitan siquiera a la mente un momento de este pecado traidor!

Experimenten el amor y el romance que Dios planeó para ustedes al ponerlo a Él primero.

Experimenten el amor y el romance que Dios planeó para ustedes al ponerlo a Él primero. Pídanle a Jesús que se convierta en su Señor. Pídanle a Dios que les ayude a restablecer el romance en su matrimonio. Inviertan el uno en el otro. Esfuércense por hacer de la relación sexual más que un acto. Escojan... Decidan... Determinen vivir la vida que Dios predestinó para ustedes, una de gozo inexplicable, ¡la vida abundante!

En Juan 10:10, Jesús habla con claridad acerca de cómo ser feliz. Aquí Jesús les dice: «Yo he venido para que tengan vida, y la tengan en abundancia». Con Dios, ¡ustedes pueden vivir felices para siempre! Él lo prometió... ¡y jamás abandona a los que ponen su confianza en Él!

> **En ti confían los que conocen tu nombre, porque tú, SEÑOR, jamás abandonas a los que te buscan.**
> **Salmo 9:10**

Notas
1. *Diccionario de la lengua española*, vigésima segunda edición, © Real Academia Española, 2003, © Espasa Calpe, S.A., 2003, Edición electrónica, Versión 1.0, bajo las palabras «romance» y «enamoramiento».
2. *Ibíd.*, bajo la palabra «sustentar».
3. *Ibíd.*, bajo la palabra «cuidar».
4. *Biblia del diario vivir*, Editorial Caribe, Nashville, TN, 1997, recuadro de la página 6.

CAPÍTULO 2

Dios creó a Adán y Eva, no a Adán y al hijo

Ahora, recuerden el maravilloso día en que decidieron pasar juntos sus vidas. Esposo, ¿recuerdas el día, las ropas que ella vestía y la manera en que te miraron sus ojos cuando le dijiste por primera vez que la amabas? ¿Recuerdas cuánto pensaste acerca de cómo le dirías que querías casarte con ella? Esposa, ¿recuerdas la forma en que latía tu corazón y la manera en que te miró? ¿Recuerdas el color del cielo la primera vez que te dijo que quería que fueras suya para siempre? ¿Hubo alguna pregunta de a quién tu esposo quería más en el mundo ese día? ¿Hubo alguna pregunta ese día sobre en quién pensaba tu esposa y no podías dejar de pensar en eso?

Estaban pensando el uno en el otro. Tú estabas pensando en la persona que querías que fuera tu amigo para siempre, el amor de tu vida, tu cónyuge, tu amor, tu amante, tu secreto y leal apoyo y animador. Estaban pensando el uno en el otro. Así que decidieron casarse con la bendición de Dios. Era perfecto... Y después, tendrían hijos.

¿QUIÉN VIENE PRIMERO?

Para la mayoría de las mujeres y los hombres casados, ¡el día que tienen hijos es uno que supera al mejor momento tan especial de la primera vez que tuvieron relaciones sexuales! ¡Esto es un acontecimiento que cambia la vida! Este es un hermoso momento que llena el corazón de gozo, satisfacción y familia.

Los preciosos momentos que le siguen al nacimiento de la personita que Dios les ha confiado para criarla, conectarse y que llega a ser más como, bueno, más parecida a ustedes, ¡pueden ser casi fascinantes! Nos apegamos a nuestra pequeña misión... ¡y con muy buena razón! Dios se refería a que se debía establecer un asombroso vínculo entre los padres y el hijo. Sin embargo, nunca significó que se rompiera el primer lazo y la promesa del verdadero amor y compromiso entre un esposo y una esposa.

Si tú has cometido el error de colocar a tu hijo en un lugar preferente en tu corazón antes que tu cónyuge, hoy puedes sanar tu corazón y poner de nuevo todas las cosas en orden. Es tu deber. Hoy mismo. Esposas, sus esposos necesitan saber hoy que nadie puede ocupar su lugar... ni siquiera el hijo. Esposos, sus esposas tienen que saber hoy que nadie puede ocupar su lugar. Ni siquiera sus preciosos hijos. ¡Esta decisión es crítica para la salud de su matrimonio!

¿POR QUÉ AMO?

¿Por qué amamos tanto a nuestros hijos, pero a veces es tan difícil sentir el mismo nivel de amor por nuestro cónyuge? Esto se debe a que los hijos son muy indefensos e inocentes, ya sabes, nos *necesitan*... ¿y sabemos lo capaz e independiente que puede ser nuestro cónyuge? ¿Será porque los hijos son más agradecidos que nuestros cónyuges? ¿Será porque son más adorables? ¿Será porque un hijo es tuyo y no de ambos? ¿A qué se debe que, a veces, los humanos cometamos el error de amar más a nuestros hijos que a nuestros cónyuges? ¿Por qué les toleramos tanto a nuestros hijos y no tenemos paciencia con nuestro cónyuge? Por favor, ¿puede alguien explicarme este fenómeno?

Me gustaría sugerir que la persona en que más invertimos es la que gobernará nuestro corazón.

Me gustaría sugerir que la persona en que más invertimos es la que gobernará nuestro corazón. Por lo tanto, te preguntaré algo: ¿Podría ser que hayas invertido más tiempo y energía en esa personita, tu hijo, del que has invertido en tu cónyuge? ¿Cierto? ¿Has pensado en modos de entretener, agradar, alimentar, vestir y cuidar a tu cónyuge tanto como has pensado hacerlo con tu hijo? ¿Qué me dices de la percepción visual? ¿Cuánto tiempo empleas solo mirando a tu ser amado? ¿Miras o consideras más a tu hijo que a tu cónyuge? ¿Quién gobierna tu manera de pensar? ¡Espero que Dios sea el primero, tu cónyuge el segundo y tus hijos los terceros!

Las demás personas y nuestro trabajo, incluso si este es un ministerio, deberían venir después de nuestra relación personal con Dios, nuestro cónyuge y nuestros hijos. Nuestra mayor inversión... la persona en la que más invertimos es la que gobernará nuestro corazón. Nuestro Señor Jesús lo dijo de esta manera:

> Porque donde esté tu tesoro, allí estará también tu corazón.
> Mateo 6:21

Si tú has cometido el error de amar cualquier cosa o persona más que a Dios, es tiempo de poner en orden tus prioridades. Dios promete encargarse de todas tus necesidades si lo buscas primero a Él. Te dará felicidad y la provisión para tus necesidades. La Palabra de Dios nos dice:

> Más bien, busquen primeramente el reino de Dios y su justicia, y todas estas cosas les serán añadidas.
> Mateo 6:33

> La bendición del Señor trae riquezas, y nada se gana con preocuparse.
> Proverbios 10:22

¿Quieres que todas tus necesidades se satisfagan sin el problema añadido? ¿Quieres aprender el secreto del contentamiento? Entonces, ¡pon a Dios primero en tu vida! ¡No hay nada tan valioso en la tierra como la bendición de Dios en tu vida!

Si cometiste el error de amar a tus hijos más que a tu cónyuge, llegó el momento de reconquistarle. Tendrás que esforzarte, ¡pero todo lo que vale la pena tener en la vida requiere esfuerzo! ¿Quieres el amor para toda la vida? Quizá este sea el tiempo para preparar un plan de cómo puedes concentrarte en quien prometiste amar como a nadie más para siempre, ¡incluso antes de que nacieran los hijos! Esto no es un asunto para que descuidemos a nuestros hijos. Es un asunto de poner nuestras prioridades en el orden apropiado. Recuerda que Dios creó a Adán y Eva, no a Adán y al hijo. Decide establecer las prioridades hoy.

¿POR QUÉ TRATO PEOR A LOS QUE AMO?

¿Por qué a veces vemos esposos que tratan con dureza a sus esposas y compañeros de trabajo que son tan bondadosos con sus hijos? ¿Será que decidimos ajustar nuestra conducta basada en lo que «pensamos que puede lidiar la persona» sin perder su amor por nosotros?

Quizá pensemos: «De seguro un adulto puede entender que estoy bajo presión».

Algunos de nosotros procedemos de un hogar disfuncional en el que hemos visto un patrón de maltrato y proceder malsano, como el control de los sentimientos de la persona, la manipulación y el comportamiento colérico. Mis padres hicieron todo lo posible por ser buenos padres, pero procedían de tales hogares. Por lo tanto, yo vine de un hogar por el estilo. Jeffrey no. Así que enseguida tuvimos serios problemas por cuestiones de comunicación. Esto no solo se debía a que yo aprendía español y él aprendía inglés. Teníamos un problema que era mucho más profundo. Quizá te identifiques con esto...

Si una pareja puede atravesar los primeros años tumultuosos del matrimonio, puede llegar hasta el final.

De Wenona

A menudo, decía que si una pareja puede atravesar los primeros años tumultuosos del matrimonio, puede llegar hasta el final. Sin duda, hay varias falsas ideas que controlar, muchas aguas profundas de comprensión que vadear, numerosos desiertos áridos de sufrimientos que nos infligimos que atravesar...

Recuerdo que cuando era recién casada, no pensaba que Jeffrey comprendía todos «los sacrificios» que había hecho en su favor. Él estaba muy ocupado en los estudios universitarios para obtener sus títulos, trabajando y dando conferencias. Día tras día trataba de determinar la fuente exacta de mi competición. En vez de ver que yo era la que tenía que cambiar, comencé a culpar a Jeffrey por todo lo que salía mal. Sobre todo, comencé a detestar algo que lo alejaba de mí. Un adulto maduro le habría dicho a Jeffrey que quería hablarle al respecto. Sin embargo, ¡yo quería que me leyera la mente! Me imaginaba que Jeffrey debería «verlo por su cuenta».

Le dejaba caer innumerables indirectas, pero como muchos hombres, Jeffrey no estaba acostumbrado a leer entre líneas. ¡No se daba cuenta! Jugué a hacerme la enferma en la cama. No lo captaba. Rechacé asistir a sus actividades. No lo comprendía. Por último, desesperada, me las ingenié para hacerlo reaccionar. Esto captaría su atención sin palabras. ¡Ah, lo hará! ¡Ah, lo hizo! Todavía recuerdo la noche...

Jeffrey había trabajado mucho todo el día y había ido a las clases nocturnas después de cenar conmigo. Cuando volvió de sus clases alrededor de las diez de la noche, lo recibí en la puerta con una gran sonrisa. Esta era una sonrisa diferente a lo usual.

—Bienvenido a casa, mi amor —le susurré.

Podía ver su desconcierto: *¿Qué le pasa a Wenona? ¿Está todo bien?* Veía algo diferente en mi rostro. ¿Estaba radiante? ¿Estaba ruborizada por la emoción de mi torcida treta? Solo él lo sabe. ¡Él sabía que algo andaba mal!

—¿Qué es ese olor? ¡Algo se está quemando! —dijo Jeffrey alzando la voz.

Enseguida, pasó delante de mí adentrándose en la casa humeante. El humo venía de la cocina. ¿Se quemaba la comida? No. ¡Algo mucho más estratégico estaba entre los carbones! ¡Lo que yo había encendido en el patio eran los libros que le había prestado su profesor! Jeffrey estaba furioso. ¿Cómo le iba a devolver los libros a su profesor ahora? Yo estaba entre la risa histérica y la parálisis de temor. ¡Lo hice! ¡Ahora tenía su atención! Esperaba que me dijera algo terrible. Esperaba que se enfureciera, gritara e insultara. Esperaba una pelea. ¡Estaba lista para una pelea! Quería hablar con Jeffrey, pero no estaba preparada para su respuesta.

—¿Por qué no me dijiste que te sentías sola, Wenona? —me preguntó con suavidad—. ¿Por qué no me lo dijiste?

¿Por qué no se lo dije? ¿Por qué no lo entendía? ¿Por qué era tan egoísta y rencorosa? ¿Hay otra persona a la que pudiera culpar? ¡Es probable que no! Había premeditado el hecho. En mi mente, había destruido sus libros miles de veces. Había ensayado el altercado que esperaba que sucediera. ¿Había otra persona a la que pudiera culpar? Los psicólogos dicen que nosotros somos el producto de nuestro pasado. Sin embargo, nosotros también somos el producto de nuestras decisiones actuales. Quizá hagamos esas cosas debido a la manera en que nos criaron. Tal vez se deba a algo que hemos visto o escuchado en *MTV* o en las películas. A lo mejor se deba a que hemos recibido pésimos consejos de malas amistades o de la familia.

No importa cómo llegamos a tomar las decisiones que hacemos para ser ogros, bestias o pirómanos que dañan a nuestra amada familia. Lo que importa es que reconozcamos que esto es pecado y optemos por cambiar. Puedo decir con sinceridad que nunca más he vuelto a quemar algo para llamar la atención de Jeffrey. He hecho otras cosas malas, pero

Dios me ha estado ayudando a cambiar... ¡porque *quiero* cambiar! Debido a que asumo la responsabilidad por mis acciones, *puedo* cambiar. Nosotros no podemos cambiar a otra persona. Sin embargo, con la ayuda de Dios, ¡podemos cambiar nosotros!

Cuando pertenecemos a Dios, tenemos el poder para decidir romper los patrones del pasado.

Gracias a Dios que me proporcionó un esposo paciente y un maravilloso consejero piadoso que me ayudó a comenzar a lidiar con el asunto de la codependencia en mi vida. He aprendido que tenemos la opción de la manera en que pensamos. Cuando pertenecemos a Dios, tenemos el poder para decidir romper los patrones del pasado. ¿De qué manera? Comenzamos reconociéndolos como pecado, asumimos la responsabilidad del pecado, buscamos el perdón de Dios y del hombre y, luego, ¡decidimos conseguir la ayuda para el cambio!

¿Cómo es posible que tratemos peor a los seres queridos? ¿Puede alguien ser víctima de abuso y no sufrir? ¿Será que podemos decidir la manera en que reaccionamos? ¿Será que la decisión que tomemos es capaz de edificar o romper nuestra relación con la familia? Si te encuentras atrapado en respuestas malsanas, llegó el momento de buscar ayuda. Si has cometido el error de «despreocuparte por tu comportamiento» con tu familia, no es demasiado tarde para el cambio. Nunca es demasiado tarde para pedir perdón. Busca la ayuda de Dios. Él te dará la ayuda sobrenatural que necesitas. Aun así, tendrás que elegir, ¡pero ahora tendrás un control interno en tu espíritu y un poder extra para el cambio!

En 2 Pedro 1:3-11, encontramos lo siguiente:

> Su divino poder, al darnos el conocimiento de aquel que nos llamó por su propia gloria y potencia, nos ha concedido todas las cosas que necesitamos para vivir como Dios manda. Así Dios nos ha entregado sus preciosas y magníficas promesas para que ustedes, luego de escapar de la corrupción que hay en el mundo debido a los malos deseos, lleguen a tener parte en la naturaleza divina.

Precisamente por eso, esfuércense por añadir a su fe, virtud; a su virtud, entendimiento; al entendimiento, dominio propio; al dominio propio, constancia; a la constancia, devoción a Dios; a la devoción a Dios, afecto fraternal; y al afecto fraternal, amor. Porque estas cualidades, si abundan en ustedes, les harán crecer en el conocimiento de nuestro Señor Jesucristo, y evitarán que sean inútiles e improductivos. En cambio, el que no las tiene es tan corto de vista que ya ni ve, y se olvida de que ha sido limpiado de sus antiguos pecados. Por lo tanto, hermanos, esfuércense más todavía por asegurarse del llamado de Dios, que fue quien los eligió. Si hacen estas cosas, no caerán jamás, y se les abrirán de par en par las puertas del reino eterno de nuestro Señor y Salvador Jesucristo.

Si buscamos primero a Dios, si queremos conocerlo en realidad, ¡Él nos ayudará y nos sanará en cada esfera de nuestra vida! ¡Él vino por eso! Si tú procedes de un trasfondo de codependencia, ¡esta promesa es para ti! ¡Jesús vino a la tierra por ti! ¿Quieres ser libre?

> «El Espíritu del Señor está sobre mí, por cuanto me ha ungido para anunciar buenas nuevas a los pobres. Me ha enviado a proclamar libertad a los cautivos y dar vista a los ciegos, a poner en libertad a los oprimidos, a pregonar el año del favor del Señor».
> Lucas 4:18

LO PRIMERO

De Jeffrey

Los primeros cinco años de matrimonio estuvimos solos mi linda esposa, Wenona, y yo. En un chequeo rutinario con el médico encontraron que mi esposa tenía endometriosis (enfermedad muy dolorosa para las mujeres). Esta enfermedad le había causado suficiente daño interno a mi esposa para que durante la operación de emergencia perdiera un ovario y la mitad del otro. La médica nos dijo que nunca podríamos tener hijos. ¡Ahora tenemos cuatro! Ella menospreció el poder de Dios y el poder de los espermatozoides latinos.

No hay duda que los hijos son una gran bendición de Dios. Sin embargo, es muy común que las parejas se enfoquen en los hijos y descuiden la relación entre ellos dos. Muchas parejas se divorcian después que sus hijos salen de la casa para hacer su propia vida. No está en duda la responsabilidad que tenemos con nuestros hijos, pero es evidente que no es necesario descuidar nuestra relación de pareja por cuidar a nuestros hijos.

> *No está en duda la responsabilidad que tenemos con nuestros hijos, pero es evidente que no es necesario descuidar nuestra relación de pareja por cuidar a nuestros hijos.*

Ya hace varios años atrás, Wenona pensó que era importante que siempre que regresara a casa, incluso antes de que los chicos se me tiraran encima, ella y yo tomáramos de diez a quince minutos en el sofá para conversar. Eso les comunica a nuestros hijos que primero está la relación entre papi y mami. En las noches, llevamos a nuestros hijos a la cama y saben que papi y mami estarán en la oficina trabajando y no deben entrar. No utilizamos la palabra interrumpir porque no queremos comunicarles que son una interrupción, pues no lo son. No obstante, sí tratamos de comunicarles de diferentes formas que papá y mamá necesitan tiempo para estar juntos. Además, siempre que nos es posible, tratamos de salir en citas solos los dos. Tenemos asignado el martes para salir solos.

Tomarse juntos unas vacaciones también es una buena idea. El extremo de esta situación es que algunos padres descuidan por completo a sus hijos y hasta permiten que sean otras personas las que se los eduquen. No nos compliquemos mucho la vida. Con cosas sencillas, podemos comunicarles a nuestros hijos que lo primero en la casa es la relación entre papá y mamá, y que después viene la de ellos como hijos.

Si haces un esfuerzo especial para darle a tu cónyuge tiempo ininterrumpido, la primera vez, cuando llegues a casa, tus hijos tendrán la seguridad y el buen ejemplo de que los mejores amigos pueden estar en el matrimonio. Desearán tener esa misma calidad de relación cuando crezcan y se casen. Tu matrimonio y tus hijos serán bendecidos. Esposo, esposa... ¡dense el uno al otro lo primero! ¡No se arrepentirán!

LA PARTIDA

La idea «de dejar y partir» se encuentra en el segundo capítulo de la Biblia. Esto significa que cuando te casas, dejas a tus padres y te unes a tu esposa. ¿Por qué incluiría Dios esta idea en el primer libro de instrucciones que puso en su manual universal de sesenta y seis libros conocido como la Biblia? ¿Por qué el concepto de dejar a tu padre y a tu madre solo se ve superado por Dios, como un cimiento fundamental de unión en tu relación?

Leamos lo que nos dice la Biblia en Génesis 2:23 (RV-60):

> *Dijo entonces Adán: Esto es ahora hueso de mis huesos y carne de mi carne; esta será llamada Varona, porque del varón fue tomada.*

Por esta razón, el hombre dejará a su padre y a su madre y se unirá a su esposa, y se convertirán en una sola carne.

De Wenona

Soy una chica de California. Crecí en el valle de Napa. En mi juventud, me conocían en Napa como una atleta, una reina de belleza, una buena estudiante y cristiana. Tenía muchísimos amigos. Tenía un buen empleo. Tenía a mis padres, mi hermano, mis tías, tíos y abuelos viviendo todos en Napa. Mi hogar era Napa, hasta que me casé con Jeffrey. Cuando me casé con Jeffrey, escogí a Jeffrey. Sin embargo, busqué la dirección de Dios y de mis padres. Cuando supe que Jeffrey era para mí, elegí a

Jeffrey por encima de todo y cada uno de los que conocía, a fin de que fuera la persona más especial e importante en mi vida, después de Dios. Decidí seguirlo dondequiera que fuera. Es más, el versículo en la invitación de la boda fue del libro de Rut:

> Pero Rut respondió:
> —¡No insistas en que te abandone o en que me separe de ti!
> »Porque iré adonde tú vayas, y viviré donde tú vivas. Tu pueblo será mi pueblo, y tu Dios será mi Dios. Moriré donde tú mueras, y allí seré sepultada. ¡Que me castigue el SEÑOR con toda severidad si me separa de ti algo que no sea la muerte!
> Rut 1:16-17

Jeffrey y yo tiramos la cuerda de nuestra campana de boda. En vez del arroz, dos palomas blancas salieron revoloteando de la campana y se fueron volando juntas en la puesta del sol. Luego, montamos en nuestro auto Ford Escort, muy decorado, y nos fuimos juntos al anochecer. Dejé a mis amigos, familia, iglesia, trabajo, reputación, idioma y país, ¡sin lamentos! Empaquetamos nuestros regalos de boda con tanta fuerza detrás del auto que Jeffrey hizo un plano de esto. Entonces condujimos ese pequeño coche por todo el norte de California a través de Nevada, Arizona, Nuevo México, Tejas, México hasta Guatemala, ¡comiendo la tarta de boda, aguacate, frutas y tacos en todo el camino!

En un momento determinado de nuestro viaje, un funcionario mexicano apartaba los autos para las «mordidas»[1]. Cuando llegó a nosotros, nos preguntó:

—¿Qué tienen detrás de su auto?
—Los regalos de boda —le dijimos.

El funcionario pareció sorprendido por nuestra sinceridad.

—¿Se casaron? ¡Yo me acabo de divorciar! —nos respondió—. Ya tienen suficientes problemas. ¡Pueden marcharse!

Sin una sonrisa, ni mordida, nos despidió. El funcionario se equivocó. Partimos hacia la mayor bendición y aventura de nuestras vidas.

> Si estás casado y nunca has dejado a tus padres, es probable que tu relación no sea tan cercana como habías esperado que fuera.

¡Comenzó el momento que dejamos el hogar y empezamos a crecer juntos como pareja!

Si estás casado y nunca has dejado a tus padres, es probable que tu relación no sea tan cercana como habías esperado que fuera. Habrá un tiempo en el que quizá te necesiten tus padres. Sin embargo, cuando eres recién casado, ese no es el tiempo. El principio de dejar a tus padres tanto de manera psicológica como física es muy importante para tu unión y la profundidad del amor que cultivarás. Cuando no tienen ninguna otra persona de la cual depender, sino el uno del otro, disfrutan de la tierra fértil en la que el verdadero amor se arraiga para crecer. Esto también es cierto para nuestra relación con Dios.

A menudo encontramos que, cuando no tenemos a nadie más a quien volvernos, por primera vez en nuestras vidas comenzamos a amar y buscar a Dios con todo nuestro corazón, alma y mente. Esto no pasa hasta que dejemos de confiar en otras cosas y confiemos en Jesús por completo. Si nunca han dado el paso de fe e independencia que requiere su relación, dejen a sus padres y lleguen a ser uno, nunca es demasiado tarde para hacerlo. Conversen, piensen y oren juntos por este asunto ahora mismo. Repito, ¡no es demasiado tarde! Si jamás han dado el paso de fe para dejar algo que se interpone en la relación con Dios, nunca es demasiado tarde para hacerlo. En el capítulo 8, hablaremos más sobre lo determinante que ha sido Dios en nuestras vidas y nuestro matrimonio, y cómo hemos crecido con Él. ¡Nunca es demasiado!

LA INTENCIÓN ES LO QUE CUENTA...

Dios pasa mucho tiempo dirigiéndose a nuestra vida pensante. Dicho a secas, con frecuencia a lo que pensamos, así como también a la manera en que pensamos, ¡se les llama «pecados» en realidad! A pesar de nuestros mejores intentos de esconder nuestros pensamientos de nuestro cónyuge, si pasa el tiempo suficiente con nosotros, se enterará de la verdad. Quizá digamos que amamos a nuestra esposa, pero si preferimos la pornografía, nuestra esposa se da cuenta que hay algo que nos atrae más que ella... y esto le causa daño. Tal vez digamos que no tenemos favoritos, pero si lo escogemos, en la familia todos se percatarán de esto... y esto les causará daño.

Quizá digamos que primero está mamá, pero si cualquier niño la puede interrumpir y conseguir la atención de su padre, y el papá no detiene al hijo cuando mamá se trata de comunicar, la verdad es obvia. Tal vez digamos que papá está primero, pero si lo corregimos e intervenimos cuando disciplina a los hijos, la verdad es obvia también. Tal vez digamos que hemos dejado a nuestros padres y que amamos más a nuestro esposo o nuestra esposa, pero si hablamos más con nuestros padres que con nuestro cónyuge, si pasamos más tiempo con nuestros padres en vez de hacerlo con nuestro cónyuge, si damos mejores regalos, el dinero, el tiempo y el consejo a nuestros padres en lugar de dárselos a nuestro cónyuge, la verdad es obvia... y esto le causa daño a tu pareja, así como a tu matrimonio.

La idea de que alguien es más importante puede llegarle a la esposa de maneras sutiles. Por ejemplo, el esposo que le dice a su esposa: «Deja que mi mamá compre mi ropa, ella sabe lo que me gusta». O: «Deja que mi mamá me cocine, ella sabe lo que me gusta». Lo que el hombre hace aquí, de manera consciente o inconsciente, mina a su esposa en realidad. Esto coloca a su mamá más cerca de él y de su corazón que a su esposa. Un punto para mamá, cero para la esposa. Si no me crees, pregúntaselo a tu esposa. Cada vez que hagas esto, al menos al principio de tu matrimonio, le harás daño. Quizá ahora te diga que no le preocupa. Sin embargo, no es así. A decir verdad, no quiere sentir el dolor y atravesar el muro que ha construido alrededor del asunto que está entre ustedes dos. Esto importa.

¿Dejaste a tus padres y te uniste a tu esposa? ¿Hay allí alguna esfera donde tus padres interfieran en tu relación? Ahora bien, ¿durante una discusión tomas partido por tus padres en lugar de hacerlo por tu esposa? ¿Todavía dependes de tus padres para tus necesidades elementales y te dicen cómo vivir debido a eso? Ya sea que lo expresara o no, ya sea que lo creas o no, tu esposa no considera que hayas dejado a tus padres. No piensa que la ames más. Además, tu matrimonio sufre debido a esto. Tu esposa te lee la mente mejor de lo que puedes hacerlo tú. Esto no es ningún secreto para alguien en la familia. ¡La intención es lo que cuenta!

Tu esposa te lee la mente mejor de lo que puedes hacerlo tú.

¿Dejaste a tus padres y te uniste a tu esposa? Las mujeres, de igual modo, no dejan a menudo a sus padres. ¿Eres consciente de padres que insisten que sus hijas les amen más? ¿Conoces padres que se burlan y desacreditan a sus yernos mientras la esposa del yerno se ríe? ¿Hay veces cuando la hija se pone del lado de su padre en lugar de tomar partido por su esposo?

Siempre que alguien se interponga, o trate de interponerse, entre un hombre y una mujer casados, ya sea el hijo o el padre, esto *no es la voluntad de Dios*. No está bien. Además, esto dañará tu relación. Si esto te ha pasado en tu relación, decide ahora formar un equipo indivisible. Protéjanse el uno al otro. No le permitas a nadie que menosprecie ni denigre en broma, ni de verdad, a tu ser amado. Defiende a tu esposa. Defiende a tu esposo.

De Jeffrey

Poco después que llevara a Wenona hasta Guatemala, fuimos a visitar unos amigos. Su vecindario no era bueno. Cuando regresamos a nuestro auto, estaba dañado en parte: La antena estaba rota, los limpiaparabrisas habían desaparecido, y el auto estaba abollado, rayado y cubierto de lodo... Lo peor de todo era que los delincuentes seguían allí. Nos estaban esperando. Ya habían arruinado nuestro auto. ¡Ahora querían arruinarnos a nosotros! Querían pelea. Le dije a mi Wenona que se quedara junto al auto que yo iría a hablar con ellos.

Mientras me dirigía hacia donde estaban, se pusieron de pie y dieron un paso hacia mí.

Sus caras eran duras, con burlas y risas poco amistosas. En realidad, la situación no era buena. Alguien saldría dañado. Y ese alguien sería yo. Podía oír los latidos de mi corazón y la adrenalina corriendo por mis venas. Justo cuando pensaba que tenía la pelea encima, escuché una voz conocida detrás de mí. Era Wenona: «No te preocupes amor, yo te cubro las espaldas». No estaba solo. Mi esposa, Wenona, había recogido la antena rota del auto y estaba de pie detrás de mí. ¡Parecía que estaba lista para una pelea!

Estuvimos de pie espalda contra espalda. Por motivos que desconozco, los delincuentes me dejaron decirles cuatro cosas. Nos superaban muchísimo en número, pero no se nos enfrentaron. El más bravucón se quedó tranquilo mientras les hablaba. ¿Por qué no nos atacaron? ¡Solo Dios lo sabe! Quizá se detuvieran porque no estaba solo. Tenía a Wenona a mis espaldas. Además, sé que Dios tenía su mano sobre nosotros. Le doy gracias al Señor por su protección... y le doy gracias a mi esposa por estar dispuesta a ayudarme.

En Eclesiastés 4:9-12, encontramos lo siguiente:

> **Más valen dos que uno, porque obtienen más fruto de su esfuerzo. Si caen, el uno levanta al otro. ¡Ay del que cae**

y no tiene quien lo levante! Si dos se acuestan juntos, entrarán en calor; uno solo ¿cómo va a calentarse? Uno solo puede ser vencido, pero dos pueden resistir. ¡La cuerda de tres hilos no se rompe fácilmente!

¡Sean un equipo! Defiende a tu esposa. ¡Defiende a tu esposo! Defiende a tu esposo delante de tus hijos y tu familia política. Defiéndelo delante de sus amigos y enemigos. Defiéndelo en los buenos tiempos y en los malos. Defiende su honor, en especial, cuando conversan con amigos queridos, tus hijos y tu familia. Protegerás su corazón y su relación. ¡Defiéndanse el uno al otro con sus vidas!

Nadie tiene mayor amor que este, que uno ponga su vida por sus amigos.
Juan 15:13, RV-60

EL REGALO ENGOMADO

Un día, si alguna vez se casan nuestros hijos, nos encontraremos en su boda. Nos pedirán que los regalemos. Nos dejarán. Serán ellos mismos. Nuestros hijos, las personitas tan parecidas a nosotros, en quienes hemos invertido tanto. ¿Tendremos manos engomadas que no abandonarán el regalo de los hijos que Dios nos concedió por un tiempo? ¿Olvidaremos el tesoro y la satisfacción de lo que fuimos y lo que debemos encontrar el uno en el otro a través de los altibajos de esta aventura llamada «matrimonio»? ¿Les permitiremos a nuestros hijos la bendición del vínculo sin trabas que aprendimos (o que deberíamos haber aprendido)? ¿Encontraremos la satisfacción en el plan que Dios nos dio, el regalo del uno al otro? Nunca lo olvidemos: ¡Dios creó a Adán y Eva, no a Adán y al hijo!

Nota

1. *Mordida* (en América): «Provecho o dinero obtenido de un particular por un funcionario o empleado, con abuso de las atribuciones de su cargo» (*Diccionario de la lengua española*, vigésima segunda edición, © Real Academia Española, 2003, © Espasa Calpe, S.A., 2003, Edición electrónica, Versión 1.0).

CAPÍTULO 3

La comunicación

¡El término «comunicación» abarca muchísimo! ¿Nos concentramos en cuánto nos comunicamos o no lo hacemos? ¿Hablamos de cómo nos comunicamos? ¿Hablamos de la comunicación verbal o no verbal? ¿Solo se trata de humor o sátira? ¿Estilo o contenido? ¿Es todo lo anterior? Podríamos escribir un libro solo con este tema. En cambio, dedicamos un capítulo... el capítulo más largo en este libro: La comunicación.

A fin de que se ajuste a un capítulo, nos dirigiremos enseguida a varios desafíos que hemos encontrado en lo personal en nuestro matrimonio. Quizá seamos un poco gráficos. Por lo tanto, si estás acostumbrado a las ilustraciones abstractas generales, y no te gustan las confesiones llenas de colorido, este tal vez sea el capítulo que saltes en público, ¡pero que leas en privado!

EL SARCASMO

A las mujeres se les conoce a menudo porque conversan mucho... muchísimo. A los hombres se les conoce por su pobre comunicación, lo cual es otra manera para decir que no hablan en lo absoluto, ¡solo tácitos gruñidos de consentimiento o desacuerdo! ¿Estos estereotipos son representativos en tu relación? ¿O son un mito? ¡Tú decides! Todos «los libros» dicen que los hombres y las mujeres tienen verdaderas diferencias en su manera de comunicarse. Sin embargo, hay una trampa en la que caen ambos sexos. Es malsonante. Es gracioso. Es del todo inaceptable. Se le llama «sarcasmo».

Vivimos en un mundo retorcido en el que las palabras tienen muchos significados

Vivimos en un mundo retorcido en el que las palabras tienen muchos significados. El sarcasmo está en todas partes. Incluso, abundan en las películas de dibujos animados hechas para los niños. Tal parece que la gente juzga la calidad de las películas por si las hacen reír, en lugar de si el tema es apropiado, positivo, instructivo y que vale la pena. Si nos hace reír, debe ser buena. ¿Cierto? En general, casi todos estarían de acuerdo. Dios no. Esta es una lección que debemos aprender también.

Hace poco vi en *YouTube* un vídeo de Jesús hablándoles a sus discípulos. El vídeo actual era de la película *La vida de Jesús*. El diálogo superpuesto de la nueva versión es un cómico guión sarcástico que raya en lo blasfemo. En un determinado momento, Jesús va montado en un burro hacia el templo. Los discípulos están preocupados por Jesús que va a entrar en el templo donde los sumos sacerdotes de seguro lo arrestarán. En el libreto de la comedia, Jesús actúa como si los discípulos trataran de llevárselo. Entonces, Él dice: «Un momento. ¡Conforme, me defraudan! Pónganme en el suelo. He andado sobre el agua, así que creo que puedo caminar hasta la puerta». Gracioso, ¿verdad? Aun así, ¡es casi una blasfemia en realidad! ¿Usaría Jesús el sarcasmo si Él estuviera en la forma de un hombre hoy? A decir verdad, ¡lo dudo!

Sin embargo, ¿qué hay de malo en un poco de sarcasmo divertido entre parejas de mente abierta? Considera la siguiente pareja. En el contexto del matrimonio, una mujer le dice a su esposo: «Ay, Jorge, cuando me miro en el espejo, me siento muy gorda y fea. Dime algo que me haga sentir mejor». Jorge hace una pausa, la mira con detenimiento y, luego, le responde: «No tienes problemas en la vista, mi amor».

¿Mejora el sarcasmo la relación? ¿Lo aprobaría Jesús? ¿Este Jorge experimentará «el romance» en alguna parte en el futuro cercano? ¡Lo dudamos! Vivimos en una era en que la comedia consiste de palabrotas, insinuaciones, doble sentido, sarcasmo, insultos y mentiras. Al parecer, ¡gobierna el valor del escándalo! No obstante, Jesús dijo:

> *Cuando ustedes digan «sí», que sea realmente sí; y cuando digan «no», que*

sea no. Cualquier cosa de más, proviene del maligno.

Mateo 5:37

¿Por qué Jesús diría esto? ¿Qué hay de malo en una buena risa de vez en cuando? ¡Nada! Con todo, el sarcasmo es una imprevisible bebida mortal. Quizá al principio parezca cómico, pero el sarcasmo puede carcomer, quemar, mutilar y destruir una relación. Cuando se emplea como un medio regular de responderle al cónyuge, se avecina la condenación a la ruina. ¿Cómo entonces deberíamos respondernos el uno al otro? Según Jesús, deberíamos hablar con claridad y sin mensajes de significados ocultos. Nuestra comunicación debería ser sencilla, directa, alentadora y positiva. Algo que no sea esta forma de comunicación no es de Dios, sino que proviene en realidad «del maligno». Colosenses 4:6 (RV-60) dice:

Sea vuestra palabra siempre con gracia, sazonada con sal, para que sepáis cómo debéis responder a cada uno.

Entonces, ¿qué significa «siempre con gracia» y «sazonada con sal»? ¿Está Pablo hablando o disertando acerca de la cocina? Pablo lo explica en un capítulo anterior. Colosenses 3:5, 8-9 dice:

> Por tanto, hagan morir todo lo que es propio de la naturaleza terrenal [...] ahora abandonen también todo esto: enojo, ira, malicia, calumnia y lenguaje obsceno.

Mantén lejos el sarcasmo. En realidad, ¡puede ser pecado! Esto cae bajo los subtítulos de «malicia» y, a menudo, «calumnia». Repito, no importa lo gracioso que parezca en el momento, no es de Dios. Con el sarcasmo, ¡tú y tu cónyuge juegan con una caja de fósforos del infierno! ¡Esto no es una práctica segura! Pablo le escribió a la iglesia en Colosas pidiéndoles, recordándoles y hasta ordenándoles que fueran amables, compasivos, humildes, bondadosos y pacientes los unos con los otros. Él nos pide a nosotros lo siguiente:

> Por lo tanto, como escogidos de Dios, santos y amados, revístanse de afecto entrañable y de bondad, humildad, amabilidad y paciencia, de modo que se toleren unos a otros y se perdonen si alguno tiene queja contra otro. Así como el Señor los perdonó, perdonen también ustedes. Por encima de todo, vístanse de amor, que es el vínculo perfecto.
> Colosenses 3:12-14

¿Oculta el sarcasmo tu frustración o enojo con tu pareja? ¿Te ofrece esto una salida aceptable para ti a fin de «devolverle» a tu cónyuge la rivalidad malsana que alimentan algunos matrimonios? ¿Esto es un hábito que heredaste, que te gusta usar, pero no recibir? ¿Alguna vez el sarcasmo tiene «bondad, humildad, amabilidad y paciencia»? Vamos a aprender una nueva y mejor manera de comunicarnos el uno con el otro. ¡Dios permita que nuestra comunicación siempre sea amable, buena y alentadora! Que sea sin sarcasmo. ¡Nuestro cónyuge lo agradecerá y nuestro matrimonio tendrá bendiciones!

¡Dios permita que nuestra comunicación siempre sea amable, buena y alentadora!

DE WENONA

La última palabra y la acción
Mi abuela aceptó a Jesús tarde en la vida. ¡La vida de Elizabeth Louise llevaba las cicatrices de la terquedad y de una filosofía que dice: «¡Seré sin par!». ¡No se rendiría! Para Betty

Lou, cuando la llamaron siendo «sin par», incluyó a su esposo o, en su caso, ¡sus tres esposos! En su primer matrimonio, el esposo de Betty le pidió que no se pusiera el vestido tan provocativo que se había comprado. Le insistió que lo devolviera. Cuando Betty no quiso devolver el vestido, ni quitárselo siquiera, él cometió el pecado capital... ¡lo hizo pedazos! Un par de semanas más tarde, mientras se disponían a ir a una boda, el esposo de Betty no podía encontrar su mejor traje. *¿Lo habrá visto Betty?*, se preguntaba. De algún modo, en lo profundo de su corazón, debería haberlo sabido. Desde luego, ¡Betty lo había visto! Incluso, recordaba dónde lo había visto por última vez. Buscando debajo de la cama, Betty sacó una caja de cartón. Cuando su esposo la abrió, allí estaba su traje... o lo que quedaba de él. La caja contenía cenizas. Betty le había quemado su mejor traje dominguero. Se la había hecho buena. Tuvo la última palabra. Para su matrimonio, ¡esa última palabra fue el colmo!

Me pregunto: ¿Una esposa gana alguna vez teniendo la última palabra? ¿Cómo muestra una esposa que es sumisa en su comunicación? ¿Contiene su lengua y nunca tiene una opinión? ¡A algunos hombres les gustaría esto! En lo personal, ¡nunca deberíamos estar de acuerdo con ese festejo! Incluso, diríamos que hasta es imposible, fuera de casos de abuso, que no opinen las mujeres. Sin embargo, ¡hay un tiempo, un lugar y un método apropiado para todo bajo el sol!

> **Todo tiene su momento oportuno; hay un tiempo para todo lo que se hace bajo el cielo.**
> **Eclesiastés 3:1**

¿Dios tiene una mala opinión? ¡Ni lo pensemos! Si Dios hubiera querido hacer sumisas mujeres autómatas, podría haberlo hecho. En su lugar, decidió darles libre albedrío. Quería que las mujeres usaran sus dones al máximo. Dios quería que las mujeres pensaran. Les dio grandes cerebros… ¡cerebros que a menudo se conectan más que el de sus homólogos masculinos!

Sin embargo, todos los puntos de conexión femeninos proceden de una seria debilidad. En las mujeres, su corazón influye con más facilidad que su cabeza. Las emociones pueden hacer que a la mujer la engañen con menos dificultad. Esto fue lo que pasó en el jardín del Edén con Eva. Por consiguiente, Dios enmendó el problema.

En Génesis 3:16, Él le dice a la mujer, Eva: «Desearás a tu marido, y él te dominará». Eso significa que el esposo sería el jefe. No te enfurezcas con nosotros, Dios fue el que dijo eso. ¡Sabía lo que estaba haciendo!

Las mujeres se doblegan a la lógica y al liderazgo de sus esposos por diversas razones:

- ❤ PRIMERA, debido a que Dios la bendecirá si se somete con una buena actitud.
- ❤ SEGUNDA, debido a que su relación con su esposo se fortalecerá.
- ❤ TERCERA, debido a que a ella y a toda su familia se protegerá del engaño, de los vendedores y de otros casos en los que quizá haya cometido el error de *seguir su corazón*.

Las mujeres deberían someterse a sus esposos en su conversación y conducta por otra razón. Un matrimonio saludable es uno en el que ambos compañeros están dispuestos a crecer. Lo que nos han enseñado es que antes de casarse, la mujer debería expresar su opinión de manera contundente. Después de casarse, la mujer debería dar su opinión, pero estando dispuesta a apoyar la decisión de su esposo, ¡aun si no está de acuerdo! ¿A qué viene que digamos tales cosas? Solo porque lo dijo Dios.

Verás, Dios es Dios de orden. ¡Hay una evidente línea de autoridad en los cielos la cual se extiende hasta aquí abajo en la tierra! Nuestro matrimonio es un modelo, un símbolo terrenal de la relación de Dios con nosotros, su iglesia. Escucha lo que Pablo le escribe a la iglesia en Éfeso:

> *Sométanse unos a otros, por reverencia a Cristo. Esposas, sométanse a sus propios esposos como al Señor. Porque el esposo es cabeza de su esposa, así como Cristo es cabeza y salvador de la iglesia, la cual es su cuerpo. Así como la iglesia se somete a Cristo, también las esposas deben someterse a sus esposos en todo.*
> **Efesios 5:21-24**

Creo que este pasaje lo dice todo. Ahora bien, ¿cómo lo hacen las mujeres? Esto es cuestión de confianza. Necesitamos creer la Palabra de Dios y confiar en Él. ¿No nos promete que a los que le aman «todas las cosas les ayudan a bien» (Romanos 8:28, RV-60)? Sin embargo, ¿cómo puedo confiar en mi esposo para tomar buenas decisiones? ¿Qué me dices si decide hacer algo que arruina a la familia en realidad? ¿Esto significa que si me someto a mi esposo y él toma una mala decisión que Dios se encargará de la situación? Sí, Él dice que lo hará.

Aun cuando le demos nuestro voto de confianza a nuestro esposo cuando nos sometemos a él, no necesariamente ponemos nuestra confianza en nuestro esposo ni estaremos de acuerdo con él en ese asunto. En su lugar, ¡ponemos nuestra confianza en Dios y nos aferramos a su promesa de que todas las cosas nos ayudan a bien! Hay algo que sabemos: Dios tiene una gran trayectoria. ¡Nunca ha abandonado a los que ponen su confianza en Él!

En algún momento, en el transcurso del tercer matrimonio de mi abuela, empezó a cambiar. Betty le pidió a Jesús que fuera su Señor y Salvador. Decidió rendirse a Dios. Su decisión, sin embargo, no era fácil. Cuarenta y dos años de terquedad fueron difíciles para su cambio. Quizá, no fuera su intención someterse en todas las esferas de su vida. Conociendo a Betty, es probable que se preocupara por llegar a ser alguien del montón, o lo que es peor, que la maltrataran, no la apreciaran como es debido o la controlaran. ¡El pensamiento era anatema! Entonces, ¿cómo podría Betty ayudar a su esposo inconverso para que conociera a Cristo? Cuando buscó la Palabra de Dios, le pareció claro. ¡Tendría que afrontar su temor! En 1 Pedro 3:1-6, encontramos:

> Esposas, sométanse a sus esposos, de modo que si algunos de ellos no creen en la palabra, puedan ser ganados más por el comportamiento de ustedes que por sus palabras, al observar su conducta íntegra y respetuosa. Que la belleza de ustedes no sea la externa, que consiste en adornos tales como peinados ostentosos, joyas de oro y vestidos lujosos. Que su belleza sea más bien la incorruptible, la que procede de lo íntimo del corazón y consiste en un espíritu suave y apacible. Esta sí que tiene mucho valor delante de Dios. Así se adornaban en tiempos antiguos las santas mujeres que esperaban en Dios, cada una sumisa a su esposo. Tal es el caso de Sara, que obedecía a Abraham y lo llamaba su señor. Ustedes son hijas de ella si hacen el bien y viven sin ningún temor.

¿Temor a qué? ¿A qué le temes? ¿Le temes a que tu esposo podría hacer algo en lo que no estés de acuerdo? Si tu esposo no camina con Dios y tiene un problema de adicción, podrías tener temores legítimos. Sin embargo, las órdenes de Dios siguen siendo las mismas. Nosotras las esposas nos sometemos y seguimos con respeto la dirección de nuestros esposos tanto de palabra como de acción. ¡Tenemos que confiar en que Dios se ocupará del resto!

> *Cuando aprendemos a confiar en Dios, a medida que nos acercamos a Él en ferviente oración, ¡ese será el día en que veremos milagros en nuestro matrimonio!*

Cuando damos ese gran paso de fe, cuando aprendemos a confiar en Dios, a medida que nos acercamos a Él en ferviente oración, ¡ese será el día en que veremos milagros en nuestro matrimonio! Dios lo promete. Sus promesas son verdaderas. Betty Lou puso su confianza y sus oraciones en Dios. Se mordió la lengua y ocurrió el milagro. Mi abuelo alcohólico entró borracho a la iglesia cuando el coro estaba cantando «Ven a Jesús». Caminó directo por el pasillo hasta el frente. Cuando llegó al púlpito, estaba sobrio por completo. ¡Mi abuelo impasible estaba llorando pidiéndole a Jesús que entrara en su corazón! ¡Esto era un milagro! ¡Mi abuelo aceptó a Jesucristo como su Señor y Salvador! ¡Su matrimonio se salvó! ¡Habían ganado la primera batalla importante en su matrimonio! ¿Ganarían la guerra? Esto dependería de los dos. Mi abuelo tendría que aprender a ser el líder espiritual del hogar. Tendría que aprender a comunicarse de una nueva manera. Además, Betty Lou tendría que hacer lo impensable. ¡Tendría que dejarlo dirigir!

El desafío masculino

Mi abuelo era un hombre de pocas palabras, como la mayoría de los hombres. Quizá por eso se casara con su polo opuesto. Myron, así se llamaba, era ingeniero. Tal vez su profunda voz de barítono y su vida ordenada en extremo le pareciera aburrida para algunos. Le encantaba la matemática, la soledad, la jardinería y arreglar cosas. Apreciaba mucho el orden y la paz. Como tal vez te hayas dado cuenta, Betty era de muchas maneras su antítesis. Como una bailarina profesional, dramaturga y modelo en

Europa, ¡le encantaba ser el centro del escenario! Brillante, encantadora, fuerte, explosiva, desorganizada, descuidada y llena de vida... era una mamá intensa. Era el brillante adorno de abuelo. Su fantasía sexual. ¡Su cruz! ¡Su exasperación! Y, ahora que los dos eran cristianos, ella tenía una nueva expectativa.

¡Betty exigía que Myron fuera el líder espiritual de su casa! En realidad, eso no era una opción, sino su decisión. Myron tenía que *liderar*. Betty no lo liberaría de esto. Myron tendría que usar cada día las pocas palabras que conservaba para el nuevo plan espiritual de Betty. ¡Myron tendría que orar en cada comida! A regañadientes, estuvo de acuerdo. «Si esto traerá paz a mi atribulado hogar, lo haré...», debe haber razonado, debe haber esperado. Quizá Betty trataba en realidad de abandonar su mal hábito de siempre tener la última palabra... De momento, el futuro parecía más brillante.

Dios espera mucho de los hombres. ¡Espera que se sometan a Él!

Mujeres, si tienen problemas en tragarse el concepto de la sumisión, ¡quizá te sirva de alivio saber que los hombres tienen también un tremendo desafío en el aspecto de la comunicación! Para ser justos, Dios espera mucho de los hombres. ¡Espera que se sometan a Él! Además, espera que los hombres hagan todo lo posible a fin de proveerle a la familia, comunicarse y dirigir con amor el hogar. ¡Qué desafío!

De Jeffrey

La comunicación es un reto mucho mayor para los hombres. Estoy convencido que a nosotros los hombres se nos hace más difícil la parte de la comunicación. Sin embargo, existen ciertas cosas que nuestra pareja puede hacer para ayudarnos. Primero, nunca darse por vencida e insistir en que nos comuniquemos. Segundo, pueden animarnos a utilizar otros medios como el teléfono, las notitas, los mensajes de texto, el correo electrónico y, por qué no, el contestador automático del teléfono. Para los hombres es indispensable recordar que la comunicación es la base de una buena relación.

Los hombres deben hacer un esfuerzo sobrenatural para comunicarse utilizando detalles. Ya hace varios años que decidí utilizar una agenda para apuntar los detalles que creo le interesan a mi esposa. En especial, cuando salgo de viaje, escribo las cosas más sobresalientes y trato de anotar pequeños detalles que sé que le agradarían a Wenona.

> Las palabras no son el único medio para la comunicación. En muchas ocasiones, las acciones hablan más fuerte que las palabras.

Durante el noviazgo, hablamos sin parar y en el matrimonio nos convertimos en reporteros de noticias. Solo les damos los titulares y olvidamos los detalles. Hablando de detalles, en otro aspecto un dato valioso es poder llamar desde la oficina durante el día para solo decirle que estás pensando en ella. Otra idea sería mandarle un correo electrónico o dejarle una nota sobre la mesa. Sin duda, las palabras no son el único medio para la comunicación. En muchas ocasiones, las acciones hablan más fuerte que las palabras. En nuestro esfuerzo de comunicarnos con nuestras esposas debemos recordar que el traer el pan a la mesa (la provisión económica) no lo es todo. El hacer esfuerzos, como ayudarle en las cosas de la casa, colgar la ropa, sacar la basura y otros pequeños detalles, son determinantes en gran medida.

DE WENONA

Los hombres y el liderazgo
El silencioso Myron comprendió una cosa. Aprendió que si te casabas con una mujer intensa, hiperactiva, una bomba de tiempo, deberías andar con pies de plomo cada día... ¡y ser un experto en situaciones difusas! Myron no censuraba con severidad a Betty cuando se ponía ropas cuestionables. Fue testigo cuando el pastor trató de hacerlo. Sucedió en un domingo inolvidable en el que Betty fue a la iglesia con un escote y un sostén muy pronunciados. Nadie en la iglesia llevaba puesto maquillaje ni joyas excepto Betty. La blusa que eligió habría sido llamativa en un club nocturno. ¡En la iglesia esto era una bomba!

Aquel escote suyo contrariaba a las hermanas y hacía que los hermanos la miraran dos veces y se sonrojaran. El pastor decidió hablar (por fortuna para él, ¡no estaba en el púlpito!). Cuando Betty le estrechó la mano al pastor y su esposa después del culto, el pastor le dijo con firmeza: «Betty, ¡su blusa es demasiado escotada!». Quizá la esposa del pastor asintiera con la cabeza. Tal vez las palabras del pastor fueran lo bastante fuertes como para que otros en la fila a la salida las escucharan. A lo mejor los hombres en la fila se rieran con disimulo y las mujeres murmuraran que estaban de acuerdo con el pastor. Betty no vaciló ni por un momento. Si estaba avergonzada, no lo dio a entender. Si estaba enfadada, no dio señales alguna. En realidad, le sonrió de un modo encantador al pastor, y todavía en posesión de su mano, lo acercó como si fuera a decirle un gran secreto. Con todo, ningún secreto vino de Betty. Con una voz un poco más alta que la del pastor, le dijo: «Vaya, pastor, ¡no sabía que mirara de manera tan atenta!». Los miembros de la congregación se quedaron boquiabiertos. Betty sonrió con inocencia. Quizá hasta le guiñara un ojo mientras salía. Betty ganó. ¿O no?

Myron decidió asistir a otra iglesia, una a la que no asistiera Betty. Myron había aprendido. Sin embargo, ¿había aprendido a la manera de Dios? ¿Había aprendido cómo liderar o cómo evitar el enfrentamiento? ¿Había aprendido el secreto a la felicidad o a la eterna frustración? ¿Podía ver a Betty como vaso más frágil, como la compañera más delicada? ¿Cómo la veía? Muchos hombres ven a sus esposas a la altura de sus tareas masculinas: «Estamos en el siglo veintiuno, ¿no es así?». Con la llegada de los derechos de las mujeres han venido sus rarezas. ¡Las mujeres han aceptado trabajos para los que no se crearon sus cuerpos y han decidido que las traten de maneras para las que no las diseñó Dios! Los papeles se han cambiado.

> **Con mujeres que actúan como hombres, que insisten en pagarse sus propios gastos y tomar sus propias decisiones, aun después de casarse, los hombres encuentran en la comunicación y el liderazgo un serio desafío.**

Con mujeres que actúan como hombres, que insisten en pagarse sus propios gastos y tomar sus propias decisiones, aun después de casarse, los hombres encuentran en la comunicación y el liderazgo un serio desafío. Los medios presentan a los esposos y los padres como tontos o tiranos. Muchas mujeres trabajan y traen a casa cheques de pago tan grandes como los de sus esposos. Algunas esposas quieren cuentas de cheques separadas. Otras mujeres quieren que sus esposos críen a los hijos mientras ellas trabajan. ¿Cómo es que un hombre ya no puede ser un hombre? Tal parece que aquí no hay un feliz término medio.

Recuerdo una ocasión en que Jeffrey le abrió la puerta a una mujer en un gran almacén y la chica, a la que no llamaría dama, ¡se portó de forma grosera y se negó a entrar! ¿Cómo, entonces, debería comunicarse un hombre de manera piadosa y saludable en semejante mundo?

En 1 de Pedro 3:7, encontramos lo siguiente:

> **Esposos, sean comprensivos en su vida conyugal, tratando cada uno a su esposa con respeto, ya que como mujer es más delicada, y ambos son herederos del grato don de la vida. Así nada estorbará las oraciones de ustedes.**

Sin tener en cuenta las acciones de mujeres militantes, o lo que las noticias harían que creyéramos, los hombres deben tener un código de conducta. Los hombres deben ser caballeros sin que importe la oposición. Los hombres deben liderar con bondad y amabilidad. ¡Se les manda que *amen* a sus esposas! ¡Qué extraño es esto! Si hay un aspecto en el que pensarías que sobresaldrían los hombres, ¡sería en «amar a sus esposas»! Ni tanto. El amor es más que relación sexual. Tiene que ver con la comunicación, tanto verbal como no verbal.

Veamos lo que nos dice la Palabra de Dios:

Esposos, amen a sus esposas y no sean duros con ellas.
Colosenses 3:19

El hombre debe cumplir su deber conyugal con su esposa, e igualmente la mujer con su esposo. La mujer ya no tiene derecho sobre su propio cuerpo, sino su esposo. Tampoco el hombre tiene derecho sobre su propio cuerpo, sino su esposa. No se nieguen el uno al otro, a no ser de común acuerdo, y sólo por un tiempo, para dedicarse a la oración.
1 Corintios 7:3-5

El hombre que desea un matrimonio bendecido por el cielo será el que le muestre bondad y paciencia a su esposa sin tener en cuenta sus bruscos cambios de humor o errores. Escogerá un código de conducta que nunca le permitirá ser violento ni abusador, de palabra o hecho, con su esposa. No le retendrá su cuerpo ni su comunicación verbal a su esposa, sino que, en cambio, la perdonará, recordando que la mujer «es más delicada».

Nunca sabré las muchas maneras en que mi abuelo liberó su obvia frustración con mi abuela. A decir verdad, sé que sus pocas palabras eran cortantes a menudo y que empleaba muchas veces el tratamiento del silencio. Es probable que los dañara a ambos al retenerle su atención física. Sin duda, esperaba que sus sutilezas resultarían en el cambio. Sin embargo, no fue así. A pesar de haber aceptado a Jesús como su Salvador, su matrimonio era infeliz, en el mejor de los casos. Nunca aprendieron a rendirse de verdad a Dios ni el uno al otro. Proverbios 11:16-17 dice:

> La mujer bondadosa se gana el respeto; los hombres violentos solo ganan riquezas. El que es bondadoso se beneficia a sí mismo; el que es cruel, a sí mismo se perjudica.

Cuánto mejor hubiera sido el matrimonio de mis padres si ambas partes hubieran aprendido a someterse a Dios y a aferrarse a la ley de la bondad y el amor. ¡Qué felices hubieran podido ser! El método de Dios es el mejor. Si eres cristiano y no estás experimentando la felicidad matrimonial que esperabas, quizá llegó el momento de evaluación. ¿Cuán comprometido estás para obedecer a Dios? ¿Cuán comprometido estás para mejorar la unión? ¿Estás dispuesto a someterte a la consejería piadosa? ¿Estás dispuesto a negarte a ceder ante el pecado de la ira o el comentario cortante? ¿Estás preparado para liderar con el ejemplo y no dejarte vencer por el temor? ¿Estás dispuesto a perdonar?

> Sin tener en cuenta cuán masculina ni apabullante quizá sea tu esposa, recuerda que tu ejemplo de amabilidad y paciencia ganarán su respeto.

Sin tener en cuenta cuán masculina ni apabullante quizá sea tu esposa, recuerda que tu ejemplo de amabilidad y paciencia ganarán su respeto. No te sugiero que debas ser un tonto equivocado que se someta a la voluntad de su esposa. Más bien, encomiéndale el asunto en oración a Dios, a medida que procedes de manera resuelta, amorosa y paciente en la dirección que te ha indicado Él. Solo es un asunto de tiempo y oración, con tal conducta, pronto tu esposa va a seguirla. No cedas ante la amargura ni el enojo, sino deja que el perdón gobierne en tu corazón. Aprende a comunicar la bondad.

La Palabra de Dios nos aconseja lo siguiente:

> La blanda respuesta quita la ira; mas la palabra áspera hace subir el furor.
> Proverbios 15:1, RV-60

> Confía en el SEÑOR de todo corazón, y no en tu propia inteligencia. Reconócelo en todos tus caminos, y él allanará tus sendas.
> Proverbios 3:5

LAS APARIENCIAS FÍSICAS

De Wenona

En nuestra luna de miel, Jeffrey y yo pasamos unos días en una gran ciudad de California. En medio de la noche, me levanté casi dormida. Recuerdo que tenía los ojos entrecerrados de modo que no tropezara con la puerta. Estaba muy oscuro. A medida que me acercaba a la puerta, para mi horror me di cuenta que allí había alguien que venía hacia mí... ¡y no era Jeffrey! ¡Un ladrón! Un horrible intruso de cara grotesca, cabello alborotado y crueles y afiladas manos, ¡un monstruo trataba de atraparme!

¡Fue uno de los momentos más terroríficos de mi vida! ¡Grité! Fue un extraño e involuntario grito de noventa decibeles que atravesó y llenó el aire oscuro. Jeffrey estuvo a mi lado en un momento. ¡Pienso que puedo hablar por nosotros dos cuando digo que *estábamos despiertos por completo*! Jeffrey encendió la luz en un instante, mientras que con un salto huí de la puerta hacia sus brazos. ¡Nos volvimos a la puerta para encarar la amenaza, pero se había *ido*! Es más, la única cosa que vimos fue el espejo de la puerta de nuestra habitación... *¡un espejo!* ¿Quiere decir que el monstruo no era un intruso? ¿Estoy diciendo lo que crees que estoy diciendo? Sí. Ah, por fortuna, ¡sí! El temible y horrible intruso de cara grotesca, cabello alborotado y crueles y afiladas manos, la criatura monstruosa en la oscuridad, era yo... *¡reflejada en el espejo!*

Ahora bien, ¡eso es temible! ¡Temible de verdad! Después de un momento de tranquilizante risa en los brazos de Jeffrey, nos fuimos a la cama. Sin embargo, no me podía dormir. Comencé a pensar demasiado. Soy una mujer. Ya sabes, las mujeres somos sensibles. En cierto grado, todas las mujeres somos sensibles. Nuestras mentes consideran momentos así de manera un poco exagerada... Por lo tanto, empecé a explicarme en detalles la experiencia, como solemos hacer nosotras las mujeres. Reflexioné:

«¡*Era fea en realidad!* ¡Estaba asustada de verdad! ¡Estaba asustada de mí misma! ¿Tan mal luzco cuando no estoy maquillada? ¡Asusté a Jeffrey también! (Aun cuando es probable que lo ayudara con mi grito)».

Después razoné: «Si me asusté de tan mala manera de mí, ¿cómo se sentiría Jeffrey la primera vez que me vio sin maquillaje? Mis ojos no estaban preparados para lo que vi. ¡Apuesto que él tampoco lo estaba cuando me vio la primera vez al levantarme en la mañana! ¡Apuesto a que lo asusté de verdad! ¿Todavía piensa que soy hermosa? Sin embargo, ¿cómo podría pensarlo? Es decir, si yo me asusté cuando me vi, ¿a quién no le asustaría?».

¿Por qué es que nosotras las mujeres hacemos todo lo que podemos para lucir bien y luego hacemos todo lo posible con palabras, pensamientos y comunicación, ya sea verbal o no verbal, para destruir la imagen de la persona hermosa con la que nos hizo Dios?

Mis pensamientos como mujer comenzaron a tomar un siniestro giro introspectivo para mal. Mientras más lo analizaba, más sombrío, triste y deprimido estaba mi corazón y más me censuraba...

¿Por qué es que nosotras las mujeres hacemos todo lo que podemos para lucir bien y luego hacemos todo lo posible con palabras, pensamientos y comunicación, ya sea verbal o no verbal, para destruir la imagen de la persona hermosa con la que nos hizo Dios? Es como si las mujeres nos esforzáramos muchísimo para ser hermosas antes del matrimonio y después, al parecer, pasáramos el resto de nuestros años de brazos cruzados, encorvadas y en tonterías (según nuestra autoestima y a nuestros propios ojos), ¡mientras gemimos angustiadas por lo gorda y fea que nos imaginamos a los ojos de nuestro esposo!

Tenemos que despertar y preguntarnos: «Mujer, ¿no deseas que este hombre te quiera?». ¿Por qué nos permitimos pensar de esta manera? ¿Por qué decidimos que estos horribles pensamientos nos atormenten a nosotras y, a la larga, a nuestros esposos?

COMUNICACIÓN SEXUAL

Nuestra comunicación como amantes, tanto verbal como no verbal, es crítica para nuestra relación.

Podemos construir o destruir con nuestras palabras y el modo en que comunicamos la manera en que nos vemos:

> [Adán] exclamó [respecto a la recién creada Eva]: «Esta sí es hueso de mis huesos y carne de mi carne. Se llamará "mujer" porque del hombre fue sacada» [...] En ese tiempo el hombre y la mujer estaban desnudos, pero ninguno de los dos sentía vergüenza.
> *Génesis 2:23, 25*

Ana era una reina de belleza. Era encantadora. Con dientes perfectos, un pecho amplio, tersas y largas piernas y unos bien peinados cabellos rubios y brillantes. Era toda una Barbie... ¡lo máximo! Su esposo la amaba. No podía quitarle los ojos de encima. Ansiaba quedarse solo a su lado en el cuarto cada noche para fijar sus ojos en ella. Sin embargo, Juan se decepcionaba a menudo. A Ana no le gustaba que le encendieran las luces. Cuando Juan la encendía a fin de verla desnudarse, ella decía: «Ah, Juan, ¡mira lo gorda que me veo hoy! Apaga la luz» o «Juan, tengo una erupción en la cara. ¿Ves ese grano? Me siento fea. ¿Podrías apagar la luz, por favor?». Para los hombres, esto es difícil de entender. Quizá tengan cincuenta libras de sobrepeso, pero cuando se miran desnudos al espejo, les gusta lo que ven: *¡Son todo un hombre!* ¡Quieren la luz *encendida*! Luego, ¡tenemos a la Ana perfecta que se oculta en la oscuridad! ¡Los hombres se deben rascar la cabeza frustrados y asombrados! A pesar de eso, los hombres contribuyen muchísimo en cómo se ven a sí mismas las mujeres.

Fred Stoeker, en *La batalla de cada hombre*, narró su experiencia cuando comenzó a limpiar su mente con la Palabra de Dios y a guardar sus ojos de las modelos y actrices que manipulan de manera electrónica en la televisión. Entonces, cuando se dio a la tarea de rechazar cualquier forma de pornografía, revistas o fotos con imágenes de mujeres, empezó a encontrar satisfacción total por la figura de su esposa. Declara que hasta los defectos que le molestaban antes, ¡ahora los encontraba excitantes!

Proverbios 5:20 les dice a los hombres: «¿Por qué, hijo mío, dejarte cautivar por una adúltera? ¿Por qué abrazarte al pecho de la mujer ajena?». También el libro de Cantares nos da un ejemplo de cómo necesitamos enfocarnos en los atractivos físicos de nuestra esposa, y de cuánto debemos disfrutar su cuerpo. Esta práctica no solo hará que tu esposa se desnude más, sino que también te ayudará a estar fascinado por completo de tu esposa y amante. ¡Tu comunicación tiene importancia!

Las parejas, de igual modo, ¡necesitamos renovar nuestras mentes con la Palabra de Dios!

Las parejas, de igual modo, ¡necesitamos renovar nuestras mentes con la Palabra de Dios y dejar de compararnos con las imágenes retocadas de las fotos sobrehumanas de la pantalla grande! Con todo esto, lo que la mujer le comunica a menudo a su esposo es: «Soy un adefesio. Este cuerpo que Dios me dio está mal hecho. No me enorgullece mucho, ni lo agradezco. Sin embargo, tú puedes tenerlo, si quieres, tal y como está. Al fin y al cabo, te lo mereces... ¡pues eres mi esposo!». ¿Crees que esta actitud, esta comunicación no verbal, agrada a Dios o a tu esposo? ¡De ninguna manera! Si así te has tratado tú y a las relaciones sexuales, tienes que pedirles perdón a Dios y a tu cónyuge.

¡Debemos aceptar de buena gana el regalo de nuestros cuerpos que la mano de Dios hizo para cada uno de nosotros! Debemos *creer* que Dios es el Maestro Artesano y que somos su obra maestra de arte. Debemos aprender a *agradecerle* por la manera en que nos hizo. Debemos *pedirle* su ayuda para mantenernos en forma mientras cuidamos bien lo que Él nos ha dado con tanta amabilidad. Debemos aprender a comunicar que nos alegra compartir con nuestros cónyuges el gran regalo de nuestros cuerpos dados por Dios. ¡La relación sexual es un regalo incomparable!

¿CÓMO EL HOMBRE PUEDE AYUDAR A SU ESPOSA A SENTIRSE ATRACTIVA?

Hay dos regalos asombrosos que puedes darle a tu compañera. Transformarán a tu cónyuge como persona, al igual que como amante. El primero de estos regalos de transformación es el de aceptación incondicional. El segundo, y mayor regalo que un hombre puede darle a una mujer, o que la mujer puede darle a un hombre, es el regalo de la atención.

Aceptación incondicional

Mientras conducíamos hacia el lugar en el que se celebraría la boda, el futuro y joven esposo soltó el asunto. No le estaba pidiendo a alguien que se casara con él, pues en verdad íbamos rumbo a la ceremonia donde lo esperaba su novia. El joven me miró directo a los ojos a través del espejo retrovisor y me preguntó: «Después de Jesús, ¿qué es lo más importante que debo saber para ser un buen esposo?». No tuve que pensarlo. Ya lo sabía: «Ama a tu esposa», dije. «Ámala. Ama todo lo suyo de manera incondicional. No trates de cambiarla. No le señales sus fallos de carácter ni defectos físicos. Ámala. Acéptala a partir de tu noche de bodas hasta el final de tu vida. Ámala sin condiciones».

Una mujer amada así hará cualquier cosa por agradar a su esposo. ¡La mayoría de los hombres hará cualquier cosa para agradar a su esposa también! Pregúntate: ¿Hay algo más dulce que el ser que más amas te acepte y te ame de manera profunda, sincera e incondicional? Lo ansiamos. Lo necesitamos. La Biblia nos enseña lo siguiente:

> *En todo tiempo ama el amigo.*
> Proverbios 17:17

> *De todo hombre se espera lealtad. Más vale ser pobre que mentiroso.*
> Proverbios 19:22

Comprométete de modo sincero y honesto con tu cónyuge. Ámale de manera incondicional.

Aprende a mostrarle tu apoyo, buen agrado y aceptación. ¡Hazlo de corazón! Nadie es perfecto, ¡pero todo el mundo tiene cualidades admirables! Ama a tu cónyuge de manera incondicional. ¡Aprende a ver lo bueno!

A menudo, los consejeros escuchan excusas como estas u otras similares: «¡Pero es que usted no conoce a mi esposa!». Sin embargo, nosotros escogimos a nuestras esposas, ¿cierto? Entonces, ¿por qué tratamos de cambiarlas? Nos casamos con la «persona perfecta» y, luego, ¡queremos cambiarla! ¿Eso tiene sentido?

¿Qué *deberías* hacer con relación a todas las cosas que te gustaría cambiar en tu compañera? Nada. Mejor repito esto. *¡No digas nada!* Dáselas a Jesús. Él es el único que puede darle la noticia a una persona sin romperle su corazón. Él es el único que puede hacer que una persona *quiera* cambiar. Dios no necesita nuestra intervención para enmendar los defectos de nuestro cónyuge. Tus oraciones y confianza son los medios que Él usa para esculpir y remodelar a tu cónyuge y a *ti*. ¡Nadie lo hace mejor que el Creador! Créeme. Lo que es mejor, ¡confía en Él!

Atención

El segundo y mayor regalo que puedes darle a tu cónyuge es tu pura y sincera atención. ¡Él tiene que saber que le encantas! ¡Ella tiene que saber que la escuchas! ¡Ella tiene que saber que todavía puede conseguir tu atención! La mujer, cuando habla su esposo, se detienen en lo que está haciendo, le mira y le responde.

Hombres, cuando tu esposa habla contigo, deja de ver la televisión o de hacer cualquier cosa en la computadora. Mírala. Respóndele. Todos necesitamos saber que somos importantes para la persona que más deberíamos estimar en el mundo. Necesitamos saber que piensan que somos especiales. ¿Cómo le comunicas lo importante que es tu cónyuge en realidad para ti? Préstale total atención. No se hablen ni se griten el uno al otro desde diferentes habitaciones... háblense de frente. No se interrumpan entre sí para hablarles a los hijos. Enfóquense. Tengan contacto visual cuando se comuniquen y cuando hagan el amor. Cuando hagan el amor, que cada pensamiento, deseo y palabra que se dirijan el uno al otro contribuya al entorno de su amor. Que no haya distracciones. Muy pocas cosas comunican el amor y el respeto como el regalo de la atención. ¡Esto cosecha grandes recompensas!

Tu esposa puede leer tu mente. ¿Lo sabías? Puede hacerlo. Si tu esposa te ve mirar a otras mujeres o la pornografía, lo notará enseguida, ya sea que creas o no que eres discreto. Así que se sentirá menos atractiva y especial para ti. Es más, ¡tú le atraerás menos! Lo opuesto también es verdad. ¡Si guardas tus ojos y decides enfocarte en las cualidades atractivas de tu compañera, florecerán su autoestima y su amor, ¡y darán el fruto de la satisfacción sexual!

Muy pocas cosas comunican el amor y el respeto como el regalo de la atención.

A todo el mundo le encanta recibir elogios. Los hombres lo necesitan y las mujeres también. El capítulo 31 del libro de Proverbios nos habla acerca de la mujer que es digna de alabanza. Si crees que no estás casado con esta clase de persona, ¡piénsalo dos veces! Sin duda, algunas personas tienen más cualidades buenas que otras. Sin embargo, cada persona en la tierra tiene cualidades que son buenas, admirables y dignas de alabanza. Si no puedes ver las buenas en tu cónyuge, ¡quizá el problema radique en ti! A lo mejor decidiste ser crítico y buscar lo malo. Proverbios 11:27 dice:

El que madruga para el bien, halla buena voluntad; el que anda tras el mal, por el mal será alcanzado.

Hoy, tú puedes comenzar a ver lo bueno en tu cónyuge. Haz una lista de las cualidades buenas. Todos los días añádele algunas más y léelas varias veces. Quizá tengas que esforzarte, pero te quedarás asombrado de la transformación que se llevará a cabo mientras te preparas para ver lo bueno en otros y, luego, ¡aprendes a expresarlo! Filipenses 4:8 dice:

> Por último, hermanos, consideren bien todo lo verdadero, todo lo respetable, todo lo justo, todo lo puro, todo lo amable, todo lo digno de admiración, en fin, todo lo que sea excelente o merezca elogio.

Si descubres que has fallado, si no has visto lo bueno en tu cónyuge, si has permitido que tu mente se pierda en pensamientos infieles, si no le has dado a tu cónyuge tu aceptación incondicional, si no se han dado el uno al otro la atención más total y sincera... no es demasiado tarde para el cambio. Pídele a tu cónyuge que te perdone. Si es necesario, como en el caso de la adicción a la pornografía, busca consejería. Pídele a Dios que te ayude a cambiar. ¡Él es el Maestro Sanador! Decidan, como pareja, cambiar, ¡de modo que dé comienzo su segunda luna de miel!

DE WENONA

El fin de la comunicación

Myron aprendió a orar en cada comida y lo hacía. Sin embargo, nunca lo disfrutó. Se negaba. ¿Era otro método que utilizaba para irritar a Betty o era una reacción a la necesidad de Betty de tener la última palabra? Cada comida comenzaría con un embarazoso silencio mientras se preparaba para encargarse de las exigencias que su esposa le hacía para que fuera el «líder espiritual» de la casa. Siempre era lo mismo.

Abuelo aclararía su garganta y comenzaría: «Padre celestial…». Luego, haría una pausa y algunas veces miraría el rostro de su esposa, sus ojos cerrados en oración y con el rostro tenso de una emoción que yo, como nieta, siempre esperaba que fuera de agradecimiento. Después, continuaría: «Gracias por este día y por los alimentos que nos has dado…». Entonces, haría otra pausa. No importa cuánto tiempo se detuviera antes que dijera «Amén», pues en el momento que comenzaba a decir: «Aaa… mén», mi abuela lo interrumpiría: «Y sé con el enfermo, el solo y triste y el necesitado. En el nombre de Jesús, amén». Todos los días, en cada comida, las palabras eran idénticas y la interrupción sincronizada a la perfección. Mi abuela siempre tenía la última palabra. Y con esto, destruyó su matrimonio.

Mujeres, ¡permitan que sus esposos dirijan! Déjenlos ser la cabeza de su hogar, el rey de tu reino, el padre de tus hijos, tu maestro y jefe. ¡Déjenlos tener la última palabra!

> ¡Nuestra comunicación es importante! Tómalo en serio y pídele a Dios que te ayude a cambiar cada día.

Hombres, permitan que las pocas palabras que expresen construyan su matrimonio, en lugar de destrozarlo. Que las palabras que digan creen un hogar feliz con personas confiadas y saludables. Que esas palabras sean estratégicas, positivas y profundas. ¡Que tus palabras las recuerden para bien! ¡Nuestra comunicación es importante! Tómalo en serio y pídele a Dios que te ayude a cambiar cada día.

Santiago 3:8 nos dice: «Nadie puede domar la lengua. Es un mal irrefrenable, lleno de veneno mortal». Si no podemos dominar la lengua, ¿qué esperanza tenemos de mejorar nuestra comunicación? Nuestra esperanza no está en el hombre. No podemos hacer esto solos. Tenemos que orar a fin de recibir la ayuda en nuestra comunicación. Sin duda, ningún ser humano puede dominar la lengua... ¡pero hay un Dios vivo que sí puede hacerlo! ¡Pídele su ayuda cada día!

CAPÍTULO 4

Los amigos afines

Me encanta ver parejas de éxito. Me encanta estudiarlas y aprender de ellas. Cuando me casé y entré a formar parte de la familia De León, lo hice con una familia bastante distinta a la mía. Ellos son de descendencia española. Mis padres son de descendencia holandesa-alemana. Los padres de Jeffrey están casados. Mis padres están divorciados. Mis padres son profesores. Mis suegros son artistas de la pintura. Es más, la única cosa que nuestras familias tienen en común es el gusto por la comida sana y que nuestros papás tienen el don de ser maestros de alta calidad. Las diferencias atraen las oportunidades de aprender nuevas formas de vivir. Por ejemplo, ¿cómo se trata el asunto de los amigos?

Una vez hace muchos años, mi suegro, Carlos, tenía una amistad cercana. Como mucha gente, le pedía muchos favores a mi suegro y él siempre quería ayudarle. Esto pasó por mucho tiempo.

> ¿El buen matrimonio es un accidente? ¿Podemos vivir como deseemos o hay un plan divino para el éxito?

Un día, mi suegra le comentó a su esposo que la amistad no era mutua, sino de una sola vía. ¡Este comentario causó que el amigo empezara a tenerla a menos por completo! Aunque a Carlos le gustaba la amistad y no le importaba ayudar a su amigo, en el momento que notó que alguien, aun un amigo, estaba tratando a su esposa sin respeto, abandonó esa amistad y nunca más se le acercó. ¡Qué lindo! ¡Que súper! Mi suegra ama a su esposo lo suficiente como para protegerlo de una mala amistad. ¡Y mi suegro ama tanto a su esposa que no deja que nadie la menosprecie! Se cuidan entre sí. Protegen su hogar hasta de las amistades que no edifican. Estoy convencida que si más personas fueran como mis suegros, los hogares serían mucho más fuertes en contra de los asaltos de Satanás. Queramos o no, las amistades influyen en el matrimonio. Entonces, ¿el buen matrimonio es un accidente? ¿Podemos vivir como deseemos o hay un plan divino para el éxito?

EL DILEMA DE LOS ATEOS

Los científicos seculares creen que nosotros, y todo lo que conocemos, somos el resultado de una gran explosión. A medida que el polvo galáctico y las esquirlas se asentaban en el universo en expansión, formaban planetas a la perfección con todo lujo de detalles, información genética organizada y los recursos necesarios para el desarrollo de los organismos vivos muy bien formados. Asimismo, se formaba el alimento balanceado e ideal, desde el punto de vista de la nutrición, descendiendo en picada del humo cósmico y asentándose a la distancia exacta del sol para que pudiera sustentar la vida. Después, comenzó a orbitar y rotar a la velocidad debida y necesaria para mantener la temperatura de la tierra en niveles sostenible para la vida.

Según estos científicos, toda la forma de vida conocida se transformó, o evolucionó, del pedazo de la metralla que llamamos el planeta tierra. Si no parece en realidad descabellado,

¡no importa! ¡Solo permítenos decirte que las probabilidades de mejorar un poco esto es si te mueves en el número abstracto de «miles de millones y billones de años»!

¿SON IMPORTANTES LAS AMISTADES INTERPERSONALES?

¿Por qué es que existe el hombre? Al profesor de ciencia y al ateo lo que les importa en esta vida es el placer. Se imaginan como alguien que puede hacer cualquier cosa que desee debido a que no hay propósito alguno. «No hace falta obedecer reglas», razonan, «porque Dios no existe». Desde luego, tal confesión de fe atea rechaza toda lógica. La ciencia en su totalidad la gobiernan constantes como la de gravitación universal, las leyes de la termodinámica y las ecuaciones matemáticas. Toda la creación señala a un Creador que con sumo cuidado planeó y estructuró el universo, y lo mantiene unido todavía. (Lee *Ofensivo y escandaloso*, publicado por el Grupo Nelson).

Sin duda, Dios hizo la tierra. Entonces, ¿cuál es nuestro propósito aquí? ¿Es el propósito de nuestra vida terrenal amar a todas las criaturas ya sean grandes o pequeñas? ¿Es hacernos famosos? ¿Es tener amistades que usemos para gratificarnos y llenar nuestras necesidades? ¿Es vivir fuera de uno mismo? ¿Cuál es nuestro papel?

En 1 Juan 2:15-17, encontramos lo siguiente:

No amen al mundo ni nada de lo que hay en él. Si alguien ama al mundo, no tiene el amor del Padre. Porque nada de lo que hay en el mundo —los malos deseos del cuerpo, la codicia de los ojos y la arrogancia de la vida— proviene del Padre sino del mundo. El mundo se acaba con sus malos deseos, pero el que hace la voluntad de Dios permanece para siempre.

De acuerdo con este pasaje, ¿cuáles son los propósitos eternos por los que debemos luchar cuando consideramos el plan de la creación? ¿Qué creería el ateo? Si todo es un asombroso accidente, una colosal coincidencia, ¿por qué crees que las cosas eternas y espirituales evaden las pruebas científicas?

En el caso del ateo, la tierra existe para el placer y las amistades representan el medio hacia el éxito. Además, en un mundo competitivo en el que gobiernan las leyes de la selección natural, su prójimo es un rival en la lucha por la supervivencia y su esposa es un instrumento para la gratificación sexual y el estatus social. Cada bebé que nace se disputa los recursos por los que compite con celo. Por lo tanto, las células madres, el aborto y la eutanasia son soluciones para reducir las emisiones de monóxido de carbono de los que no pueden o no deben, según su opinión, consumir recursos. Sus lemas son: «¡Sobreviviré!» y «¡Tener éxito a cualquier precio!». Su propósito es desarrollarse con su siempre cambiante medio y disfrutarlo al máximo. Para él, la tierra y la vida constan de un universo que gira en torno a sí mismo. El mundo es para su deleite, su placer, su beneficio, su poder, su gloria y sus logros.

¡El ateo humanista es muy egocéntrico en realidad! ¿Es más sabio que Dios o no es mejor que un avestruz astrológico con su cabeza hundida en un agujero negro galáctico? ¿No podría ser la vida más o menos un accidente? ¿No es el matrimonio y las amistades más que un peldaño en la escalera de la vida social? ¡Un día todo el mundo se reirá de esos creyentes de la tierra plana, pues toda la creación grita la verdad!

> En el principio, Dios creó el mundo. Él habló... y así sucedió. Él no es un Dios del pasado. Sin duda, Él todavía habla hoy.

En el principio, Dios creó el mundo. Él habló... y así sucedió. Él no es un Dios del pasado. Sin duda, Él todavía habla hoy. ¿Qué te está diciendo acerca de tu papel en su creación? Si la vida y todo nuestro universo son el resultado del diseño inteligente, ¿cuál es nuestra función en ese plan? ¿Por qué nos crearon? ¿Por qué creó el matrimonio? ¿Por qué enfatiza la comunidad, la familia y las amistades? ¿Qué es lo importante en esta vida? Dios creía que la respuesta a esta pregunta era tan importante que Él mismo tomó la forma de hombre. Vino a la tierra para hablarnos.

> Y aquel Verbo fue hecho carne, y habitó entre nosotros (y vimos su gloria, gloria como del unigénito del Padre), lleno de gracia y de verdad.
> Juan 1:14, RV-60

Sin embargo, ¡no vivimos para nosotros mismos! Solo hay dos cosas que importan en esta tierra: Dios y el hombre:

> —"Ama al Señor tu Dios con todo tu corazón, con todo tu ser y con toda tu mente" —le respondió Jesús—. Este es el primero y el más importante de los mandamientos. El segundo se parece a este: "Ama a tu prójimo

como a ti mismo." De estos dos mandamientos dependen toda la ley y los profetas.
Mateo 22:37-40

¡No somos seres terrenales que tienen una experiencia espiritual! ¡Somos seres espirituales que tienen una experiencia terrenal! La vida de cada ser humano es preciosa y tiene un propósito. Nuestra relación con Dios y el hombre lo es todo. A nosotros nos crearon para amar a Dios y al ser humano. Nos crearon para vivir como amigos de Dios, acercándonos a Él por toda la bondad, la sabiduría, la dirección, la fortaleza, la sanidad, el gozo y la vida. Nos crearon para proyectar el carácter de Dios a través de nuestras relaciones matrimoniales y familiares, así como entre otras amistades.

> ¿Cómo una persona terrenal imperfecta llega a conocer a Dios? ¿A su cónyuge? ¿A sus hijos? La respuesta es una simple palabra: «T-I-E-M-P-O».

¿Cómo una persona terrenal imperfecta llega a conocer a Dios? ¿A su cónyuge? ¿A sus hijos? La respuesta es una simple palabra: «T-I-E-M-P-O». Llegarás a parecerte al amigo que le dedicas la mayor parte del tiempo. Por eso es tan importante poner a Dios primero en tu vida. Hay un refrán que dice: «Dime con quién andas y te diré quién eres». Si nos pasamos la vida en pos de Dios, seremos semejantes a Él... Además, ¡nuestro matrimonio y nuestro mundo se llenarán de gozo debido a Él!

Si la única cosa que importa en esta tierra es nuestra relación con Dios y nuestro prójimo, ¿hay algo malo con desear ser un monje, vivir solo en una cueva y orar día y noche? No. Dios quiere que estemos en perfecta comunión con Él. ¡La oración es muy importante! La oración mueve el mundo. Sin embargo, esa es solo la mitad de la ecuación. ¡La otra mitad tiene que hacerse con nuestra relación con los demás! Dios quiere que tengamos buenas relaciones tanto con nuestros cónyuges como con los amigos mutuos. Dios ama a todos los seres humanos, así que Él quiere que nosotros amemos a las personas de igual manera.

AMIGOS

¡No hay nada como tener amistades maravillosas que nos apoyen y tengan ideas afines a las nuestras! Los amigos pueden unir, dividir, deleitar, enriquecer y confundir. Los amigos cercanos a la familia proporcionan una calidad de vida y una relación sin igual. Los malos amigos nos pueden traer la ruina. ¿Tienes amistades que construyen tu relación? ¿Has buscado de manera intencional buenas amistades para tu familia?

Una clave para lograr una relación satisfactoria es aprender la manera de ser los mejores amigos como pareja.

Una clave para lograr una relación satisfactoria es aprender la manera de ser los mejores amigos como pareja. El siguiente paso es cómo tener amigos en común. Como familia, es muy gratificante tener otra familia con la que disfrute cada uno. Como pareja, es de igual modo gratificante, y mucho más cuando pasan los años, los hijos dejan el hogar y nos encontramos solos en la casa el uno con el otro.

¿Qué hace una gran amistad? ¿Tienes que ser igual? ¿Tienes que admirar cualidades del otro? ¿Tienes que encontrar una zona en la que disfruten en realidad el uno del otro? ¿Qué hace una gran amistad?

En lo personal (habla Wenona), busco gente franca, pero positiva, para mis amistades. Tal vez hayas estado en una reunión con una amiga que se detiene para decirte: «Ya no sonrías... en este momento tienes el mayor frijol que jamás haya visto en tus dientes». O quizá le hayas pedido a algún amigo que le dé una leída a cierto libro que escribiste para que te dé su sincero comentario. Entonces, la respuesta es: «Oye, ¡es muy aburrido!». A mí me ha sucedido. Aprecio los comentarios porque me ayudan a mejorar. Me siento amada y protegida. ¡Las amistades deben ser sinceras!

Nosotros tenemos algunos amigos muy queridos que se pasan una semana con nosotros. Aunque hospedar a una familia de cinco personas por una semana es mucho trabajo, lo consideramos un gran placer. La inversión vale la pena. ¡Nos encanta que vengan! ¿Por qué? ¿Qué hacemos? ¿Qué hace que la amistad dé resultados? Puede ser que nos deleite el gran sentido del humor de nuestros amigos. Tal vez se deba a que tenemos las mismas ideas de diversión y entretenimiento y disfrutemos de hacerlas juntos. A lo mejor tengamos muy poco en común, pero nos gusta su perspectiva singular de la vida.

> Para sentirte cerca de un amigo debes considerarte apreciado y valorado. Para valorar una amistad debes disfrutar de algo admirable: Los rasgos únicos que ves en la otra persona.

Para sentirte cerca de un amigo debes considerarte apreciado y valorado. Para valorar una amistad debes disfrutar de algo admirable: Los rasgos únicos que ves en la otra persona. ¿Qué hicimos que fuera tan agradable? En realidad, no importa. Lo único que importaba era que estábamos en la misma longitud de onda en función de nuestro sistema de creencia y la manera en que deseamos criar a nuestros hijos.

No queremos decir que sea imposible ser amigos de los que creen de manera diferente a uno. Sin embargo, hemos descubierto que nuestros amigos más cercanos son esos con los que podemos hablar con franqueza acerca de nuestros sueños espirituales y nuestras aspiraciones. Por otro lado, los amigos que no son tan cercanos a nuestro corazón son esos que no muestran amabilidad, respeto, agradecimiento, aprecio ni reciprocidad. Para ser amados en este lado del cielo, ¡ayuda ser amoroso! Para tener amigos en esta tierra debes ser un dador en muchos niveles. Debes aprender a aceptar el amor también.

El rey Salomón, el rey más sabio que registra la historia, nos da muchos consejos sobre la amistad:

> El que con sabios anda, sabio se vuelve;
> el que con necios se junta, saldrá mal parado.
> Proverbios 13:20

> Más valen dos que uno, porque obtienen más fruto de su esfuerzo. Si caen, el uno levanta al otro. ¡Ay del que cae y no tiene quien lo levante! Si dos se acuestan juntos, entrarán en calor; uno solo ¿cómo va a calentarse? Uno solo puede ser vencido, pero dos pueden resistir. ¡La cuerda de tres hilos no se rompe fácilmente!
> Eclesiastés 4:9-12

Los amigos son personas que construyen.
Los amigos son sinceros.

Nos ayudan en nuestras debilidades.
Nos aman de manera incondicional.
No nos abandonan... Están a nuestro lado cuando fallamos y nos siguen amando.
Los amigos protegen.
Los amigos guardan secretos.
Los amigos pasan por alto nuestros errores y no dejan de amarnos.
Los amigos perdonan.
Los amigos nos aman cuando tenemos éxito.
Los amigos nos aman cuando fracasamos.

Es nuestro sincero deseo que encuentres amigos verdaderos, amigos de la familia, que duren toda la vida. ¡Este es el deseo de Dios para ti! Su voluntad es que inviertas en amistades. ¡Que tus relaciones en la tierra sean tan maravillosas que todos quieran conocer a tu Dios! ¡Que las relaciones en tu familia y la familia de creyentes siempre sean esas de amor y compromiso desinteresados!

EL LUGAR DE REUNIÓN

Nunca olvidemos lo mucho que Dios ama y valora las amistades. Vamos a centrarnos en entablar amistades de calidad. Si no perteneces a una congregación, este es un lugar maravilloso para comenzar a tener amistades en una comunidad de creyentes. Se le llama «congregación». Y eso es lo que es. Es un grupo de personas con un mismo sentir que se reúnen con el propósito de seguir a Dios y apoyarse los unos a los otros. A la iglesia se le llama «la familia de Dios». El Salmo 68:6 dice eso: «Dios hace habitar en familia a los desamparados» (RV-60).

> La iglesia es donde nos reunimos a menudo. Se diseñó para que sea nuestro lugar de compañerismo y de crecimiento espiritual en familia.

La iglesia es donde nos reunimos a menudo. Se diseñó para que sea nuestro lugar de compañerismo y de crecimiento espiritual en familia. En sus planes, Dios nunca consideró que los hombres estuvieran solos en la tierra. Es más, Dios es el supremo amigo que podamos tener jamás. Él quiere que tengamos amistades verdaderas y duraderas.

En todo tiempo ama el amigo.
Proverbios 17:17

Sabemos que Dios nos ama siempre. En la tierra, Dios quiere que tengamos esa amistad de calidad. Quiere que seamos amigos de calidad para nuestro cónyuge y para otra pareja. Desea que nuestras vidas se enriquezcan con las personas... con verdaderas amistades. Ninguna cantidad de dinero puede comprar a Dios ni a los verdaderos amigos. Es un regalo de Dios. Además, requiere esfuerzo. ¡Claro que exige esfuerzo! ¡Nada valioso en la vida se consigue sin mucho esfuerzo! Por eso, los éxitos significativos son tan dulces.

LA FAMILIA EXTENDIDA COMO AMIGOS

El más sincero deseo de todos los padres para sus hijos es ser sus mejores amigos. Una vez que nuestros hijos crecen, el deleite y el sueño de cada padre son pasar juntos los fines de semana y los días festivos. Sin duda, este es un ideal maravilloso.

¡Imagínate las familias que en verdad se apoyan entre sí y disfrutan los unos de los otros! ¡Sería maravilloso tener juntos un tiempo inspirador! Sin embargo, ¿es siempre posible? ¿En este mundo defectuoso en el que vivimos es posible tener grandes relaciones dentro de cada familia? ¿Debemos tener nuestra familia como amigos íntimos aun cuando no son una influencia que inspire? ¿Es esa la regla de Dios o de los hombres? ¿Qué me dices si hay personas en tu familia que son delincuentes sexuales, alcohólicos o peores que eso? ¿Qué pasaría si los integrantes de tu familia no te muestran respeto? ¿Qué si se burlan de tu esposo y en público le recuerdan tiempos bochornosos o difíciles? ¿Es la voluntad de Dios que pases tu tiempo familiar con tu familia extendida? Muchas personas creen que esa es la voluntad de Dios. Se sienten atrapados. Se sienten acorralados. Se sienten como si debieran unirse a personas que ni los respetan ni les agradan, solo porque son familiares. ¿Es esto verdad?

En Génesis 2:24 (RV-60), encontramos lo siguiente:

Por tanto, dejará el hombre a su padre y a su madre, y se unirá a su mujer, y serán una sola carne.

El día en que te casas, tu esposa se convierte en tu primera responsabilidad. Cuando tienen hijos, tu responsabilidad es protegerlos. Debes guardar sus mentes y corazones. Esto incluye guardar a tus hijos y a tu esposa de las personas, incluso de la familia extendida, que los humillan a ellos o a ti y les muestran falta de respeto. Las malas actitudes, la rudeza, el desdén y la falta de respeto son fáciles de adquirir mediante el ejemplo y son muy difíciles de remediar. Guarda a tu familia. Guarda sus mentes. Escoge tus amistades con sumo cuidado.

> **El buen amigo da buenos consejos; el malvado se pierde en su maldad.**
> **Proverbios 12:26**, TLA

Si tu familia es una influencia negativa en tu vida, no los ofendas. No los odies. Ámalos. Aun así, no pases tiempo a su lado. Dios no te ordena que pongas en peligro a tu familia por mantener un lazo con alguien que es una influencia negativa. Tú no estás pegado a tu familia.

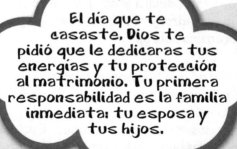

El día que te casaste, Dios te pidió que le dedicaras tus energías y tu protección al matrimonio. Tu primera responsabilidad es la familia inmediata: tu esposa y tus hijos.

El día que te casaste, Dios te pidió que le dedicaras tus energías y tu protección al matrimonio. Tu primera responsabilidad es la familia inmediata: tu esposa y tus hijos. No hay duda de que Dios te responsabilizará por lo que permitas que influya en tus hijos. ¡Lo hará! Quizá no creas que está bien evitar ciertos familiares y reuniones. No obstante, ¿desde cuándo hacer lo que sabemos que es bueno nos hace sentir bien? ¿Disfrutó Jesús de morir por nuestros pecados? ¿Disfruta una madre de los sacrificios que a menudo hace para ayudar a sus hijos a tener éxito? ¿Va un hombre a trabajar porque le gusta? Debemos hacer lo que sabemos que es bueno y dejar el resto en las manos de Dios. Quizá sea por eso que Él dijera lo siguiente:

«No crean que he venido a traer paz a la tierra. No vine a traer paz sino espada. Porque he venido a poner en conflicto "al hombre contra su padre, a la hija contra su madre, a la nuera contra su suegra; los enemigos de cada cual serán los de su propia familia".

»El que quiere a su padre o a su madre más que a mí no es digno de mí; el que quiere a su hijo o a su hija más que a mí no es digno de mí; y el que no toma su cruz y me sigue no es digno de mí».

Mateo 10:34-38

Nos resulta doloroso dejar a nuestras familias. Aun cuando sepamos que nuestra familia no es buena para nosotros ni para nuestra fe, nos hace daño distanciarnos. Sin embargo, ¡tal vez sea una de las cruces que debamos cargar en nuestro caminar con Jesús! Recuerda, Jesús vino a liberar a los cautivos. Aun así, ¡es lamentable que existan muchas personas cuyas propias familias sean sus carceleras!

Esta es una enseñanza difícil. No obstante, en casos de familias disfuncionales de gravedad, esta enseñanza es apropiada. Jesús solo quiere lo mejor para ti. ¿Qué harías por Él? ¿Qué me dices si tu familia está destruyendo tu relación con Dios? ¿Qué pasaría si tu familia estuviera arruinando tu relación con tus hijos? ¿Qué si tu hermano está acosando sexualmente a tu hija? ¿Estarías dispuesto a aceptar la oferta de libertad del Señor? ¿Te tiene que provocar la ira o la atrocidad antes que decidas proteger tu matrimonio o la familia? Por favor, no nos malentiendas, no todas las familias son disfuncionales. No todos tienen que evitar a sus hermanos ni a las reuniones familiares. Sin embargo, hay casos cuando los buenos cristianos quizá deban tomar la decisión de seguir a Cristo y no sus «obligaciones sociales» ni sentimientos.

¿Cómo sabes lo que debes hacer? Evalúa cada amistad, joven o anciana, a la luz de la Palabra de Dios. ¿Tus amistades o tu familia extendida construyen o destruyen? ¿Apoyan o ponen en entredicho? No existe cultura terrenal que comprenda esta enseñanza. No obstante, si somos ciudadanos del cielo, llegará el momento cuando tendremos que tomar decisiones duras que solo comprende Dios. El Señor desearía que nunca tuvieras que tomar las decisiones difíciles que tuvo que hacer Victoria.

Evalúa cada amistad, joven o anciana, a la luz de la Palabra de Dios.

LA EXPERIENCIA DE VICTORIA

Victoria era bella y joven la primera vez en que su hermano se mostró amable. Era la académica aceptada por la sociedad de la familia. Todos amaban a Victoria. Sin embargo, su hermano no. Es más, la odiaba. En su niñez, la golpeaba. Incluso, varias veces trató de matarla y hasta acosarla. Ya adulto, no podía hablarle sin ofenderla. Mientras Victoria fue a la escuela y emprendió una maravillosa carrera, su hermano se alistó en el ejército y lo despidieron deshonrosamente por uso de drogas, alcoholismo y conducta desordenada. Es más, había estado en la cárcel varias veces desde entonces.

> *Victoria siempre había tratado de hacer cosas agradables por su hermano, pues lo amaba. Sentía pena por él y lo perdonaba.*

Victoria siempre había tratado de hacer cosas agradables por su hermano, pues lo amaba. Sentía pena por él y lo perdonaba. Aun cuando era desconsiderado con ella, la golpeaba y la insultaba delante de sus amigas, Victoria no podía dejar de experimentar un sentido de logro cuando él le prestaba atención. Quizá otros no pudieran, ¡pero ella veía lo bueno en él! Cada pensamiento cuando oraba, iba de compras, limpiaba o cualquier cosa que hiciera, era sobre cómo ayudar a su hermano...

Victoria descubrió que a cada amabilidad de su hermano le seguía una profunda falta de respeto. ¿Qué debía hacer? Si no lo ayudaba ella, ¿quién lo haría? Ahora que tenía hijos y a la madre la habían arrestado por preparar metanfetaminas, ¿qué debía hacer? ¿Adoptar los niños? La vida de Victoria parecía muy brillante para otros, pero desconocían su infierno personal. El trabajo era bueno, pero sin sentido. Aunque se había criado en la iglesia, todavía se sentía atrapada y predestinada al fracaso. «La vida es dura. Es una prueba». Tendría el valor y la determinación para no rendirse a la depresión.

Cuando los padres de Victoria se divorciaron, hubiera deseado morir. Estaba en el medio. A pesar de que su salud estaba quebrantada debido a las tensiones, sus padres ni lo notaban. Es más, Victoria pronto aprendió que a ellos no les importaba. Necesitaban su ayuda. Necesitaban y querían más de su cuidado. En otras palabras, sentían que les debía su vida.

Victoria estaba cerca de un colapso físico y mental. Su escuela comenzó a sufrir y sus manos temblaban por los nervios. Sus ojos desarrollaron un tic y bajó de peso de manera considerable. Se sentía como si fuera a morir. Todo por lo que había vivido estaba llegando a su fin. Su vida parecía trágica, pero no tanto como las penosas situaciones de su hermano, padre o madre. Victoria se sentía culpable de que su vida fuera mejor que las suyas. Sin embargo, ¿qué podía hacer? ¡La necesitaban y eran su familia! Victoria se habría perdido, si no hubiera intervenido Dios. Así que comenzó a servirlo. En el proceso de obedecerlo con todo su corazón, conoció a un hombre que era diferente. ¡Era un verdadero cristiano y era libre! Victoria se casó con él.

> Poco a poco, Victoria empezó a darse cuenta que su familia era disfuncional. Comenzó a ver que mientras mantuviera unida a la familia, ¡no necesitarían poner su confianza en Dios!

El esposo de Victoria le dijo que «el amor debe ser duro». Le abrió los ojos a lo que estaba pasando y le insistió en la consejería. Poco a poco, Victoria empezó a darse cuenta que su familia era disfuncional. Comenzó a ver que mientras mantuviera unida a la familia, ¡no necesitarían poner su confianza en Dios! Dado que trataba de hacer lo que solo podía hacer Dios en sus vidas, ¡se extenuaba y se hundía en la espiral de la codependencia de la vida!

Cuando Victoria y su esposo decidieron recibir consejería y limitar su tiempo con la familia, esta se indignó. ¡Su padre amenazó con matar a su esposo! ¡Su hermano amenazó con matarlos a los dos! La verdad salió a la luz. Esos por los que se dio por entero, esos por los que había vivido, no eran capaces de permitirle vivir con felicidad. No eran capaces de ser felices por su éxito, su matrimonio, ni su nueva y positiva manera de ver la vida. ¡Nada que no fuera lo que girara a su alrededor o los beneficiara directamente los hacía felices!

Con cada nueva revelación, Victoria se dedicaba más a la Palabra de Dios, en un amor que le corresponderían, en alguien que alabaría el crecimiento de su carácter y su relación con Dios y el hombre. Como Victoria rompió la cadena y los patrones del pasado, ¡con cada lazo roto venía una nueva capacidad de disfrutar los regalos de Dios! Ahora Victoria tenía la energía para servir a Dios, amar a su esposo y, pronto, a sus hijos.

Ahora Victoria ya no tenía sentimientos suicidas. Ahora era libre de seguir a Dios y atender a su familia inmediata. Logró equilibrar su peso, recuperar su salud, entablar amistades sanas y reír de buena gana. Victoria era otra persona. No sucedió de la noche a la mañana. Tenía muchísimos asuntos que abordar. Todavía tenía que mantener la distancia entre su nueva familia y la antigua, no porque ese fuera su deseo, sino porque sabía que era la única manera de continuar su recuperación. Era la única manera de proteger su matrimonio y su familia. Se le aconsejaba que colocara límites alrededor de su antigua familia. Si su hermano y sus padres estuvieran dispuestos a someterse a Dios, ir a consejería y, por lo tanto, cambiar, su nueva familia y ella estarían dispuestas a cooperar con ellos a fin de mejorar su relación.

Era lamentable, pero su familia no estaba interesada. Insistían que Victoria era la única que lo había arruinado todo. Intentaban toda forma de manipulación y hasta diseminaban desagradables rumores acerca de ella y su esposo. Estaban dispuestos a hacer cualquier cosa, excepto buscar consejería. El resultado fue que su relación, al final, terminó por completo.

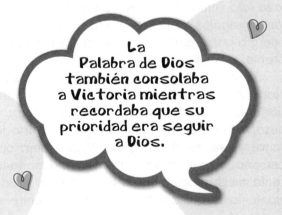

La Palabra de Dios también consolaba a Victoria mientras recordaba que su prioridad era seguir a Dios.

¡El corazón de Victoria sentía como si se fuera a romper! De no haber sido por su nueva familia hermosa, sus hijos, que podía ver crecer con amorosas personas saludables, no hubiera sido capaz de mantener intactos los límites entre ella y su antigua familia. La Palabra de Dios también la consolaba mientras recordaba que su prioridad era seguir a Dios. Se daba cuenta que ella no era la Salvadora del mundo. No podía salvar a nadie. Solo Dios puede sanar. Solo Dios puede ayudar. Victoria tuvo que comprender que en casos de codependencia como el suyo, no podía hacer nada para ayudar. Ahora era asunto de Dios. Sin la Palabra de Dios y el apoyo de su esposo, quizá Victoria nunca hubiera encontrado la fortaleza para liberarse. Mantendría los sentimientos, la tentación de volver al viejo círculo de codependencia: Sabía cómo hacerlos felices. Podía hacerlo, ¡pero tendría que vivir solo para ellos! Cada vez que la atrajeran estos sentimientos, tendría que buscar la ayuda y la fortaleza de Dios. Victoria comprendió que sí, la vida es dura, ¡pero Dios ha vencido al mundo! Ella citaba el versículo en Juan 16:33 que dice:

Yo les he dicho estas cosas para que en mí hallen paz. En este mundo afrontarán aflicciones, pero ¡anímense! Yo he vencido al mundo.

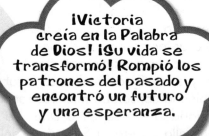

¡Victoria creía en la Palabra de Dios! ¡Su vida se transformó! Rompió los patrones del pasado y encontró un futuro y una esperanza.

¡Victoria creía en la Palabra de Dios! ¡Su vida se transformó! Rompió los patrones del pasado y encontró un futuro y una esperanza. Encontró el secreto de la felicidad... ¡aprendió a liberarse y a depender de Dios! ¿Puedes hacer tú lo mismo? ¿Vienes de un hogar de codependencia? ¿Necesitas aprender a perdonar? ¿Necesitas aprender a liberarte y a depender de Dios? ¿Cómo puedes ser libre? Jeremías 29:13-14 dice:

> Me buscarán y me encontrarán, cuando me busquen de todo corazón. Me dejaré encontrar —afirma el SEÑOR—, y los haré volver del cautiverio.

¿Crees en la Palabra de Dios? ¡Es verdadera! Victoria ahora es una cristiana dinámica y victoriosa. ¡Es libre! ¿Quieres conocer la felicidad? No importa cuán profundo sea el hoyo en el que te sientes que estás, ¡Dios te puede sacar!

Los versículos del 1 al 4 del Salmo 40 (LBLA) dicen lo siguiente:

> Al Señor esperé pacientemente, y Él se inclinó a mí y oyó mi clamor. Me sacó del hoyo de la destrucción, del lodo cenagoso; asentó mis pies sobre una roca y afirmó mis pasos. Puso en mi boca un cántico nuevo, un canto de alabanza a nuestro Dios; muchos verán *esto*, y temerán, y confiarán en el Señor. Cuán bienaventurado es el hombre que ha puesto en el Señor su confianza, y no se ha vuelto a los soberbios ni a los que caen en falsedad.

> Por muy codependiente que sea tu familia, ¡Dios puede romper el patrón y darte una nueva vida de esperanza!

Por muy codependiente que sea tu familia, ¡Dios puede romper el patrón y darte una nueva vida de esperanza! Por muy problemáticos que sean tus amigos, Dios puede darte verdaderos amigos, ¡personas que te edifiquen y que no te destruyan ni te consuman!

Jeremías 29:11-12 dice:

> Porque yo sé muy bien los planes que tengo para ustedes —afirma el Señor—, planes de bienestar y no de calamidad, a fin de darles un futuro y una esperanza. Entonces ustedes me invocarán, y vendrán a suplicarme, y yo los escucharé.

Dios quiere que todo el mundo dependa de Él. Esta es la única solución a nuestros problemas profundos. ¿Quisieras confiar en Él hoy? Busca consejería piadosa. ¡Hay esperanza, maravillosa esperanza de felicidad, para ti!

LA LÍNEA

Las relaciones codependientes se presentan en las familias y, algunas veces, en todas las culturas. Tuercen nuestras amistades. Afectan nuestra capacidad para servir a Dios. Arruinan nuestro matrimonio. Destruyen la paz en nuestros hogares. ¿Quiénes son esos agentes de destrucción?

¿Pueden ser los miembros de nuestra propia familia? Es triste, pero algunas veces lo son.

¿Hay ocasiones en que esos que consideramos nuestros amigos íntimos y familiares más cercanos, nuestros hijos, causen separación entre nosotros como matrimonio? ¿Son esos momentos cuando nuestros hijos amenazarán la paz de nuestro hogar, incluso hasta el extremo de nuestro caminar con Dios? Quizá sea el momento para que se unan como pareja y fijen los límites.

En nuestro programa radial, «Al Punto», escuchamos de padres que han sido víctimas de abuso a manos de sus ingratos hijos. Les aconsejamos que establezcan límites en su hogar y lo protejan a toda costa. Para algunos de esos hogares, llegará el momento en el que tendrán que decir: «Querido hijo, tú sabes que tu madre y yo te amamos. Sabes que nuestro hogar es tuyo siempre y cuando estés dispuesto a obedecernos y respetarnos. Hasta que puedas hacer eso, márchate, por favor. Debes irte. Te ayudaremos a empacar ahora mismo».

Si nunca les has dicho esas palabras a tus hijos, comprende que no los estás poniendo de patitas en la calle. Estás estableciendo límites saludables en tu hogar. Deben optar por someterse o marcharse. Ante todo, debemos proteger nuestro matrimonio. ¡Tenemos la responsabilidad delante de Dios por la manera en que obedecemos este mandamiento!

> Ante todo, debemos proteger nuestro matrimonio. ¡Tenemos la responsabilidad delante de Dios por la manera en que obedecemos este mandamiento!

¿Qué conseguimos por ir en contra de nuestros sentimientos y hacer lo que sabemos adecuado? ¿Qué logramos por vivir según las reglas de Dios antes que las del hombre? ¡Los beneficios son asombrosos!

> Pon primero a Dios en tu matrimonio y después a tu cónyuge. Ama a tu prójimo, ¡pero nunca permitas que nadie ocupe el lugar que les pertenece a Dios y a tu esposa!

En Mateo 19:29, Jesús dijo lo siguiente:

Y todo el que por mi causa haya dejado casas, hermanos, hermanas, padre, madre, hijos o terrenos, recibirá cien veces más y heredará la vida eterna.

Pon primero a Dios en tu matrimonio y después a tu cónyuge. Ama a tu prójimo, ¡pero nunca permitas que nadie ocupe los lugares que les pertenecen a Dios y a tu esposa! La codependencia puede arruinar tu capacidad para elegir amistades saludables y por eso es importante enfrentarla y avanzar.

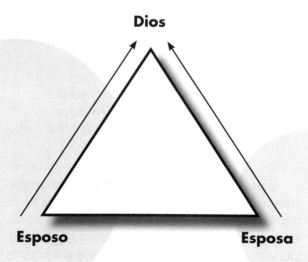

Este triángulo nos muestra cómo podemos unirnos al poner a Dios primero en nuestras vidas y matrimonios. Cuando encontramos buenas amistades que ponen a Dios como lo más importante, nos edificamos de una manera que nos ayuda a ser mejores personas que reflejan las virtudes de Dios. Aunque este es un triángulo, también es un círculo completo. Así somos en Cristo. Cuanto más nos acercamos a Dios, más nos acercamos el uno al otro.

AMIGOS PARA SIEMPRE

Jesús nunca se casó, pero no andaba solo. Escogió doce amigos y entre ellos tenía tres amigos cercanos. Aún hoy, en pleno siglo veintiuno, Jesús busca amigos. Es más, Él quiere ser tu amigo. ¿Cómo podemos ser amigos de Jesús? Juan 15:13-14 nos dice:

> Nadie tiene amor más grande que el dar la vida por sus amigos. Ustedes son mis amigos si hacen lo que yo les mando.

Dios nos mostró lo mucho que le importaba nuestra relación con Él cuando bajó a la tierra a fin de que le pudiéramos conocer. Imagínate, Jesús puso su vida por nosotros. Antes que muriera por salvarnos, nos dijo que podríamos vivir para siempre con Él en la eternidad. Si su amistad nos importa, lo obedeceremos. Al buscar amigos comunes con nuestra pareja, lo haremos de modo intencional. Invertiremos tiempo construyendo esas amistades y nos aseguraremos que las mismas sean de beneficio mutuo. Toda amistad que perdure requiere que la disfruten ambos en la pareja.

¿Por qué la historia de don Quijote ha influido en muchas vidas? En la historia de don Quijote de la Mancha, Cervantes escribe de un loco que cambia la vida de todos los que le conocen. Este personaje corrige al incorregible y ama a los que no se dejan amar. Cree en los que nadie cree. Pelea en contra de los que nadie se esfuerza por pelear. Algunos se burlaban de su apariencia, sus excentricidades y sus errores. Sin embargo, al final, su habilidad de ver las virtudes en una mujer rechazada y su confianza en su ayudante demuestran que la buena amistad puede cambiar la vida de otros. Don Quijote tenía carácter noble y puso en práctica sus deseos de mejorar el mundo. Podemos escoger esta clase de amigos y podemos SER esta clase de amigos. Las amistades excelentes hay que buscarlas e invertir en ellas juntos como esposos. ¡Las buenas amistades valen la pena!

CAPÍTULO 5

Jugar y servir juntos: La inversión en la otra persona

La satisfacción de las necesidades físicas y espirituales en el matrimonio, de seguro influirán de manera positiva en su desarrollo. Por lo tanto, si quieres tener una relación enriquecedora, debes invertir en la otra persona. ¿Hasta qué punto estás dispuesto a aceptar este desafío?

DE WENONA

El servicio a otros
Como tal vez sepas, mi esposo tiene un formidable programa radial llamado «Al Punto». Debido a este trabajo, a menudo Jeffrey recibe

correos electrónicos insultantes y amenazadores. Aunque nunca le han pagado por los años de su vida que ha invertido en el servicio a otros con sinceros principios bíblicos y sabiduría en «Al Punto», sigue sirviendo, recibiendo su gozo de saber, no de sentir, que está ayudando a otros. Uno de los comentarios que muchas veces recibe es: «¡Me gustaría escuchar lo que tu esposa piensa de ti!». Para todos ustedes los Tomás que necesitan ver para creer, ¡he aquí su oportunidad!

En nuestra familia... ¡reímos muchísimo! Dios ha bendecido nuestro matrimonio, no porque seamos perfectos, ¡sino debido a su gracia! Estoy muy agradecida al Señor de que el hombre con el que me casé sea tan sabio, amable y paciente conmigo. Nos encantan las aventuras y Dios ha hecho una de nuestra vida. Aprender a jugar dobles en voleibol y baloncesto... ¡y tanto ganar como perder ha sido muy divertido para nosotros! Nos encantan los deportes y tratamos de esquiar, pasear en barco, escalar, caminar, montar bicicleta o hacer juntos algo nuevo lo más a menudo posible. El juego ha sido clave para nuestro disfrute mutuo. El tiempo y la paciencia que Jeffrey siempre nos ha dado a mí y a los niños, a pesar de su increíblemente ocupado horario, nos han permitido saber que, después de Dios, nosotros somos los más cercanos a su corazón. Ni siquiera el ministerio es más importante que nosotros.

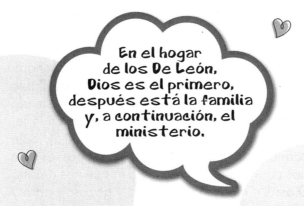

En el hogar de los De León, Dios es el primero, después está la familia y, a continuación, el ministerio.

En el hogar de los De León, Dios es el primero, después es la familia y, a continuación, el ministerio. Creo que el poner nuestras vidas en este orden piadoso nos ha alentado a nuestros hijos y a mí a amar cada día más a Dios y a no tomarnos a mal el trabajo de Jeffrey. Nuestra vida es feliz de manera increíble. Ninguna vida es perfecta. Hemos tenido grandes pruebas. Sin embargo, mi paciente, piadoso, sabio, divertido amigo, amante y líder sigue siendo mi inspiración. Parece que recibe gran gozo de hacerme feliz y alentarnos a nuestros hijos y a mí a ser todo lo que podemos ser, ¡para la gloria de Dios!

La cazatalentos

¡El liderazgo de siervo de Jeffrey ha hecho que yo misma desee ser una cazatalentos! Aunque tengo un título universitario y soy bilingüe, he decidido ser ama de casa y realizar la escolarización de mis hijos en el hogar. Mi vida se ha dedicado a hacer que los de mi familia tengan éxito. Quizá sea eso a lo que se refiere Pablo cuando dice: «Pero la mujer se salvará siendo madre y permaneciendo con sensatez en la fe, el amor y la santidad» (1 Timoteo 2:15). Solo cuando comenzamos a servir a otros es que nos convertimos en eso para lo que nos destinó Dios: Un maduro, satisfecho y gozoso padre y cónyuge. Cuando una mujer ve su papel como el de procurar que su esposo sea un éxito, y cuando el esposo considera su papel como el de cazatalentos que busca y alienta los dones de su esposa, uno tiene los elementos de un matrimonio maravilloso.

«Cuando te vi, sentí como si fuera la mañana de Navidad».

Nosotros vimos un fragmento de una película muy poco edificante llamada *Sr. y Sra. Smith*. El diálogo que captó mi atención fue sorprendentemente positivo. En el contexto de descubrir si su matrimonio tenía algo de verdad o base para continuar, la Sra. Smith (Angelina Jolie) le pregunta a su esposo, el Sr. Smith (Brad Pitt): «¿Qué pensaste de nosotros cuando nos conocimos?». A lo que respondió: «Cuando te vi, sentí como si fuera la mañana de Navidad». ¡Nos encantó esa expresión! Qué manera tan maravillosa para describir el regalo, el tesoro, que debemos imaginarnos que sean nuestros cónyuges. Qué perspectiva tan excelente.

¿Alguna vez has pensado en desenvolver los talentos de tu cónyuge? ¿Alguna vez has tratado de ser su fan más entusiasta? ¡Todos nosotros necesitamos esa clase de amistad para siempre! Proverbios 27:18, dice lo siguiente:

> El que cuida de la higuera comerá de sus higos, y el que vela por su amo recibirá honores.

¿Qué estás haciendo para que tu esposo sea un éxito? ¿Qué estás haciendo para que tu esposa sea un éxito? Cuando empiezas a invertir en el éxito de tu cónyuge, comenzarán a crecer como pareja y ambos serán más exitosos en esta vida. ¡Tú no puedes perder cuando haces las cosas a la manera de Dios!

¡Tú no puedes perder cuando haces las cosas a la manera de Dios!

APRENDE DE LOS ANIMALES

Sin duda alguna, nuestros cuatro hijos aman a los animales. Durante años, nos pidieron que les compráramos perros, gatos y, en especial, caballos. Vivimos en la ciudad, lo cual hacía la petición más complicada. ¿Dónde ponemos el caballo? ¿Dónde lo montamos? Un perro destrozaría nuestro jardín. ¿Dónde lo pondríamos? Tratábamos de razonar con ellos. Un día tras otro nuestros niños soñaban en voz alta.

Belani, nuestra hija mayor, andaba por toda la casa cantando *rap*: «Todo lo que quiero para mi cumpleaños es un caballo y un perro, un caballo y un perro, un caballo y un perro». ¡Así que comenzó a orar! Nosotros, en cambio, ¡ya empezábamos a perder los estribos! Entonces, un día, la canción en *rap* para el cumpleaños de Belani cambió: «Todo lo que quiero para mi cumpleaños es un caballo, un perro o una serpiente, un caballo, un perro o una serpiente». ¡Esto era nuevo! Todos los padres quieren obsequiarles regalos a sus hijos, ¿pero cómo se escogen? ¿Cómo sabemos la voluntad de Dios?

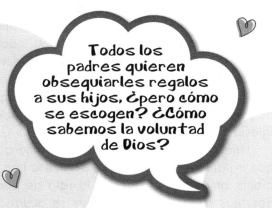

Esta vez Dios nos habló a través del dinero. Nos sentamos y calculamos: «Un caballo, dos mil quinientos dólares; un perro, doscientos; una serpiente, cincuenta dólares». El acuerdo fue unánime cuando el vendedor dijo: «¡La mejor parte es que la serpiente pitón solo come una vez cada tres meses!». La serpiente era la mejor mascota. Le pusimos «Max». La primera vez que tuvimos a Max en las manos fue un poco incómodo. Nos llevó tiempo acostumbrarnos al grueso y resbaladizo cuerpo, y al movimiento de la lengua hendida de la pitón de más de dos metros de largo. Nos habían dicho que las pitones reales eran tímidas. Ocultan la cabeza y quieren evitar que las noten.

Poco a poco, bajamos la guardia. Nos llegamos a acostumbrar a la pitón. A Max le encantaba enrollarse alrededor de la cintura de las niñas como un cinturón con su cabeza descansando en sus rollos. Estaba tan domesticada que hasta Belani la llevó a la iglesia. (Al fin y al cabo, se la compramos a un pastor de jóvenes, ¡así que estaba acostumbrada a la iglesia!).

Una cosa notamos en Max la primera vez que tratamos de alimentarlo. ¡Max era una serpiente amable! Hocicaba a la rata de pequeños ojos rojos. Le permitía que se acurrucara en sus rollos. Dejaba que bebiera de su tazón de agua. Permitía que durmiera en su refugio.

Max se movía con lentitud a fin de no asustar a la rata. Nuestros hijos nos dijeron que se parecía a un cristiano cuidadoso... o algo así por el estilo. Estábamos asombrados. Entonces llegó el día que sabíamos que vendría. Solo que ahora no lo esperábamos ya. Max tenía hambre.

> Habíamos aprendido toda una profunda lección. Habíamos aprendido algo acerca de esa gran serpiente espiritual llamada a Satanás.

Max se deslizó poco a poco a su tazón de agua, como de costumbre, y hocicó, como siempre, a la rata. Sin embargo, algo fue diferente esta vez. De repente, ¡Max atacó! Con reflejos rápidos como el rayo, más veloz de lo que podrían seguir los ojos, Max agarró a su amiga, la rata, y le quitó la vida. La rata nunca tuvo tiempo de parpadear. Todo sucedió con mucha velocidad. Había silencio en la habitación mientras observábamos a Max consumir su comida. Habíamos aprendido toda una profunda lección. Habíamos aprendido algo acerca de esa gran serpiente espiritual llamada Satanás.

¿Cuántos de nosotros nos parecemos a esa rata? Muchos de nosotros pasamos por la vida sin darnos cuenta del peligro. Pasamos nuestro tiempo viendo películas cuestionables, pornografía y navegando por dudosas páginas Web. Quizá nos permitamos pensamientos sensuales o sigamos formas egoístas de entretenimiento que no incluyan a nuestra familia. Leemos novelas que no deberíamos leer y en lugar de otro vivimos el adulterio, la traición y el asesinato en las telenovelas. Pasamos por alto a nuestro cónyuge. Salimos con malas amistades. Bromeamos de manera vulgar con nuestros amigos y galanteamos en la oficina. Aunque deberíamos saber que estamos en peligro, no es así. Debido a que no vemos las consecuencias inmediatas de nuestras malas decisiones, nos fiamos demasiado. Entonces, ¡golpea el desastre como una serpiente despertando al hambre! Como Max con el ratoncito. La serpiente siempre ataca la cabeza de forma repentina. ¿Y nosotros? Estamos arruinados. ¿Por qué estamos sorprendidos? ¿Por qué nos enfurecemos en contra de los demás?

He escuchado a la gente maldecir a Dios por sus problemas. ¿Tiene Él la culpa? Proverbios 19:3 dice:

La necedad del hombre le hace perder el rumbo, y para colmo se irrita contra el Señor.

He escuchado a la gente culpar al diablo por sus malas decisiones. ¿Tiene toda la culpa? Santiago 1:13-15 dice:

Que nadie, al ser tentado, diga: «Es Dios quien me tienta». Porque Dios no puede ser tentado por el mal, ni tampoco tienta él a nadie. Todo lo contrario, cada uno es tentado cuando sus propios malos deseos lo arrastran y seducen. Luego, cuando el deseo ha concebido, engendra el pecado; y el pecado, una vez que ha sido consumado, da a luz la muerte.

¿Dónde inviertes tu tiempo, tus pensamientos y tu corazón? Proverbios 14:12 dice:

Hay caminos que al hombre le parecen rectos, pero que acaban por ser caminos de muerte.

Nosotros tenemos la responsabilidad de nuestras decisiones. Tenemos la responsabilidad de dónde invertimos nuestro tiempo, dinero y corazón. ¿Dónde inviertes tu tiempo, pensamientos y corazón?

Nosotros nos metemos en muchos problemas. Es como si decidiéramos vagar en la guarida de las víboras. Satanás espera. Hemos abierto la puerta de su jaula y entrado por voluntad propia. Sin embargo, no ataca. Como Max, espera. Calma nuestros temores. Nos reímos juntos. Parece ser nuestro amigo. Cuando menos lo esperamos, ¡nos golpea y nos destruye!

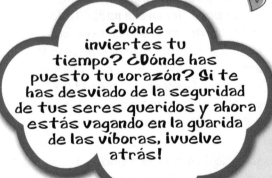

¿Dónde inviertes tu tiempo? ¿Dónde has puesto tu corazón? Si te has desviado de la seguridad de tus seres queridos y ahora estás vagando en la guarida de las víboras, ¡vuelve atrás!

Por lo tanto, te preguntamos de nuevo: ¿Dónde inviertes tu tiempo? ¿Dónde has puesto tu corazón? Si te has desviado de la seguridad de tus seres queridos y ahora estás vagando en la guarida de las víboras, ¡vuelve atrás! ¡Puedes elegir! ¡Pídeles ayuda a tus seres queridos y a Dios! Busca consejería. Si lo haces, Dios te ayudará. Quizá no sea demasiado tarde... ¡Siempre hay esperanza!

> Así que sométanse a Dios. Resistan al diablo, y él huirá de ustedes. Acérquense a Dios, y él se acercará a ustedes. ¡Pecadores, límpiense las manos! ¡Ustedes los inconstantes, purifiquen su corazón! Reconozcan sus miserias, lloren y laméntense. Que su risa se convierta en llanto, y su alegría en tristeza. Humíllense delante del Señor, y él los exaltará.
> Santiago 4:7-10

Si quieres en serio salir de la guarida de las víboras, humíllate. Arrepiéntete. ¡Dios te rescatará! En cuanto a nosotros, seremos sinceros contigo. Tener una pitón real grande como Max fue divertido, educativo y económico. Él no es Satanás. Solo es un animal. Sin embargo, desde que le vimos en acción, ya no pensamos que sea una serpiente cristiana. No queremos bajar la guardia a su alrededor de nuevo.

Sabemos que hay muchas personas que les gusta jugar con serpientes. Lo hacen así cada día. Tal vez tú seas uno de esos «cuidadores de serpientes». ¿Deseas a Max? ¡Es amistoso de verdad! Solo come una vez cada tres meses, y ahora está en venta… ¿Interesado?

ACTITUD

El apóstol Pedro describe la actitud de la esposa piadosa con las siguientes palabras:

> Que la belleza de ustedes no sea la externa, que consiste en adornos tales como peinados ostentosos, joyas de oro y vestidos lujosos. Que su belleza sea más bien la incorruptible, la que procede de lo íntimo del corazón y consiste en un espíritu suave y apacible. Esta sí que tiene mucho valor delante de Dios.
> 1 Pedro 3:3-4

No creemos que Pedro dijera que debemos convertirnos en un espectáculo de fealdad para mostrarle nuestra piedad al mundo. Más bien, leemos que debemos centrarnos en nuestra actitud, que es donde está la verdadera belleza. Ningún esposo es feliz con tener una rosa marchita a su lado. No obstante, una mujer que se dispone a ser atractiva por dentro y por fuera será una rosa que el hombre deseará colocar en un lugar de honor a fin de que la vea el mundo. Le traerá honor y honrará al Señor.

BRILLA COMO LAS ESTRELLAS

La carta a los filipenses habla de forma muy directa acerca de la mejor manera en que podemos vivir. Explica cómo invertir en otros y brillar «como estrellas» en el proceso:

> Por tanto, si sienten algún estímulo en su unión con Cristo, algún consuelo en su amor, algún compañerismo en el Espíritu, algún afecto entrañable, llénenme de alegría teniendo un mismo parecer, un mismo amor, unidos en alma y pensamiento. No hagan nada por egoísmo o vanidad; más bien, con humildad consideren a los demás como superiores a ustedes mismos. Cada uno debe velar no solo por sus propios intereses sino también por los intereses de los demás. La actitud de ustedes debe ser como la de Cristo Jesús, quien, siendo por naturaleza Dios, no consideró el ser igual a Dios como algo a qué aferrarse. Por el contrario, se rebajó voluntariamente, tomando la naturaleza de siervo y haciéndose semejante a los seres humanos. Y al manifestarse como

hombre, se humilló a sí mismo y se hizo obediente hasta la muerte, ¡y muerte de cruz! Por eso Dios lo exaltó hasta lo sumo y le otorgó el nombre que está sobre todo nombre, para que ante el nombre de Jesús se doble toda rodilla en el cielo y en la tierra y debajo de la tierra, y toda lengua confiese que Jesucristo es el Señor, para gloria de Dios Padre. Así que, mis queridos hermanos, como han *obedecido siempre* —no solo en mi presencia sino mucho más ahora en mi ausencia— lleven a cabo su salvación con temor y temblor, pues Dios es quien produce en ustedes tanto el querer como el hacer para que se cumpla su buena voluntad. Háganlo todo sin quejas ni contiendas, para que sean intachables y puros, hijos de Dios sin culpa en medio de una generación torcida y depravada. En ella ustedes brillan como estrellas en el firmamento, manteniendo en alto la palabra de vida.

Filipenses 2:1-16

Cuando aprendamos a vivir sin quejarnos ni discutir, influiremos en el mundo y mejoraremos nuestro matrimonio. ¡Brillaremos como estrellas en el firmamento! ¿Quieres ser todo para lo que te destinó Dios? Esto es posible.

Aprende a invertir en Dios y en tu esposa. ¡Tus relaciones brillarán por la eternidad!

> Cuando aprendamos a vivir sin quejarnos ni discutir, influiremos en el mundo y mejoraremos nuestro matrimonio. ¡Brillaremos como estrellas en el firmamento!

CODEPENDENCIA

Una vida dedicada a la filosofía que Pablo ordenó en su carta a la iglesia de Filipos es una de servicio sano. No se trata de codependencia.

La codependencia es un pecado que causa una pena indecible. Las personas atrapadas en la red de la codependencia parecen incapaces de escaparse de sus trágicas vidas. Son esclavas de la opinión pública y de la familia. Viven para agradar a otros más que a Dios. De manera subconsciente, las motivan la culpabilidad en lugar de que sea por lo que saben que deben hacer. A menudo, creen que deben escoger el camino del sufrimiento para ser santos, cuando Dios dijo bien claro que en esta vida habría pruebas y sufrimientos. No tenemos que buscarlos, pues vendrán.

En Juan 16:33, encontramos lo siguiente:

En este mundo afrontarán aflicciones, pero ¡anímense! Yo [Jesucristo] he vencido al mundo.

Si te encuentras atado a unos patrones de pensamientos malsanos y perniciosos, la tragedia que parece seguirle y tu círculo de amigos, si te sientes atrapado en relaciones por un prolongado sentimiento de culpa o por la manipulación de otros, quizá seas codependiente. ¡Esas son buenas noticias porque hay gran esperanza para ti! ¡Dios vino a darles libertad a los cautivos! Es muy fácil aprendiendo, es decir, decidiendo, a pensar como es debido, y actuando por el poder de Dios al hacer lo que sabes que es bueno. El pecado generacional de codependencia ha abarcado culturas enteras. Ese no es el plan de Dios. Pervierte nuestra perspectiva y las decisiones en esta vida.

El primer paso en este proceso es el de reconocer que tienes un problema con la manera en que piensas. Quizá otras personas te hayan causado dolor o problemas. A pesar de eso, si tú mismo no reconoces que tienes que cambiar, no lo haces. Nosotros no podemos cambiar a los demás. Solo podemos cambiar nosotros mismos. Si quieres escoger la libertad en Cristo, debes comenzar contigo.

En 1 Juan 1, aprendemos que pueden suceder cuatro cosas cuando decimos que no pecamos:

- 💜 Primera: «Si afirmamos que no tenemos pecado, nos engañamos a nosotros mismos» (v. 8).
- 💜 Segunda: «Si afirmamos que no tenemos pecado [...] no tenemos la verdad» (v. 8).
- 💜 Tercera: «Si afirmamos que no hemos pecado, lo hacemos pasar [a Dios] por mentiroso» (v. 10). (En Romanos 3:23 se nos dice: «Todos han pecado y están privados de la gloria de Dios»).

❤ Cuarta: «Si afirmamos que no hemos pecado [...] su palabra [de Dios] no habita en nosotros» (v. 10). Es decir, su Palabra es irrelevante en nuestras vidas y no puede ayudarnos.

¿Quieres que Dios te ayude a romper esta descendente, deprimente y trágica espiral de tu familia o tuya? Entonces, debes comenzar contigo mismo. En 1 Juan 1:9 encontramos que «si confesamos nuestros pecados, podemos dar por sentado que Dios...

- ❤ Primero: «Es fiel» para ayudarnos.
- ❤ Segundo: «Es justo» y recto.
- ❤ Tercero: Nos «perdonará» en su misericordia, y...
- ❤ Cuarto: «Nos limpiará de toda maldad».

¿Te das cuenta de que podemos llamar a Dios mentiroso por la manera en que pensamos y vivimos? Si no estamos caminando en victoria, si aceptamos pensamientos negativos, la depresión y los sentimientos de rechazo (los cuales vienen directo del infierno y no son ciertos), ¡no somos mejores que Eva que decidió creerle a Satanás antes que a Dios!

¿Sabías que cuando pensamos de forma indebida cometemos pecado? Si tú has pecado por la manera en que piensas y descubres que eres codependiente, Dios puede sanarte. Aprende a cómo identificar la codependencia en tu vida. Confiesa tu pecado. Lee cómo liberarte de la codependencia. Si es necesario, busca consejería cristiana profesional. Pídele a Dios que te ayude a aprender la manera de servir con gozo, no porque debas hacerlo, ni porque te sientas culpable, ni debido a que quieras impresionar, ¡sino porque quieres hacerlo por amor de su nombre!

> ¿Te das cuenta de que podemos llamar a Dios mentiroso por la manera en que pensamos y vivimos? Si no estamos caminando en victoria, ¡no somos mejores que Eva que decidió creerle a Satanás antes que a Dios!

EL PODER DE INVERTIR EN OTROS

La película de dibujos animados *Up* ilustra el valor de invertir en otras personas. La película comienza con un chico que crece jugando con una audaz y alocada chica que le encantan las mismas clases de sueños e imaginaria diversión que él. Su sueño y mutua inversión contribuyen a una maravillosa amistad y matrimonio. Cuando muchos años después muere la muchacha, el hombre se queda sin nadie. No tuvieron hijos. Él no había invertido en ninguna otra persona en su vida. Por lo tanto, se vuelve amargado, refunfuñón y cada vez más un antisocial.

Un día, un niño explorador viene a su puerta y trata de ayudarlo. El anciano no toleraba la intromisión. Sin embargo, a través de una serie de extrañas coincidencias, el anciano y el niño explorador se acercan el uno al otro, como compañeros de a bordo, si así lo prefieres, en la casa flotante del anciano rumbo a las Cataratas del Paraíso. De camino tras el sueño de su vida, a fin de llegar a las Cataratas del Paraíso, los peligros de la aventura causan que el anciano proteja al niño y lo conozca. Como resultado de invertir en este jovencito, sobrevive el viaje hacia las Cataratas del Paraíso y regresa a la civilización con sus recuerdos.

El niño explorador recibe un codiciado honor. En lugar de su ausente padre, el anciano pasa a ocupar el modelo a imitar y aplaude el logro del explorador. El anciano recupera vigor y vida. El joven encuentra a un amigo para toda la vida y un modelo a imitar masculino. Ellos aprenden el increíble valor de invertir en otra persona. Todo empieza cuando el anciano decide invertir su tiempo, interés y amor en otra persona. Su decisión de invertir en otra persona los transforma a los dos.

> En el contexto del matrimonio, cuando ponemos a Dios primero en nuestra relación, nuestro círculo espiritual es completo.

En el contexto del matrimonio, cuando ponemos a Dios primero en nuestra relación, nuestro círculo espiritual es completo. Llegamos a ser uno en espíritu de una manera sin igual e incomparable con cualquier otro círculo de relaciones en la tierra. En el matrimonio existe un verdadero vínculo y unidad.

En nuestra iglesia, tenemos un bombero muy alto. ¡Es un gigante en cuerpo y espíritu! Mientras escribíamos, su esposa estaba en coma. Estaba enferma a punto de morir. Por lo tanto, fuimos al hospital a orar por ella. José me dijo: «Sé que esta enfermedad es de Satanás porque mi esposa ha testificado con sinceridad de Dios. La Biblia dice que cuando un hombre y una mujer se casan, son uno en espíritu. Así que ahora mismo, aunque mi esposa está en coma, estoy luchando a su lado en el espíritu contra los poderes del infierno. Satanás me causa problemas, ¡pues ella y yo somos uno!».

Los médicos se quedaron asombrados ante la mejoría de Judit. A José le habían dicho que hiciera los arreglos para el funeral. Sin embargo, ahora, la habían puesto en una cama regular del hospital, en lugar de la cama para pacientes en coma. Los médicos no pueden explicarlo. ¡Dios está sanando a Judit debido a la oración y la intercesión de José!

> Todo lo que es valioso, todo lo que vale la pena, todo lo digno de imitar, ¡Dios lo ha modelado para nosotros!

¿Qué es «invertir»? ¿Qué significa esto? ¿Dios nos dio un ejemplo de invertir en otros? Todo lo que es valioso, todo lo que vale la pena, todo lo digno de imitar, ¡Dios lo ha modelado para nosotros! Dios no solo nos dio su tiempo, sino que vino a la tierra a fin de poder hablar con nosotros. Anduvo kilómetros lado a lado de sus mejores amigos. Durante tres años enteros de su vida, Jesús pasó todo su tiempo con ellos. Para Dios, nada en la tierra era más importante, ni es más importante, que nosotros. Nos mostró su amor no solo mediante la provisión para todas nuestras necesidades, ¡sino también protegiéndonos de las consecuencias inevitables del pecado al sacrificarse Él mismo de modo que nosotros pudiéramos vivir!

Considera cuánto te ha dado Dios y ha invertido en ti a partir de la creación, siguiendo a través de su vida y muerte en la tierra y continuando en dirección a cómo responde nuestras oraciones y nunca nos abandona. Invirtió más en nosotros de lo que nadie lo ha hecho jamás ni lo hará. Él es el supremo cazatalentos, el supremo amigo. Él es el supremo esposo y nosotros somos su novia, ¡la iglesia!

EL LEGADO

Unos queridos amigos nuestros recibieron una carta de uno de sus cuatro hijos y nos la pasaron a nosotros. Escritas en la carta estaban estas palabras: «El mayor regalo que puedes darles a tus hijos es amar a su madre». La nota escrita a mano decía: «¡Gracias, papá, por darnos ese regalo!». Este hombre influyó en sus hijos, su esposa, su iglesia y su comunidad. ¿Cómo lo logró? Invirtió con sabiduría. Aunque ya no esté vivo, su recuerdo y su legado de invertir en su esposa todavía permanecen como un modelo excepcional para su familia hoy. ¿Te gustaría dejar semejante legado? Es posible si aprendes a invertir tu tiempo y unir en verdad tu vida, en corazón y alma, con Dios y tu cónyuge.

CAPÍTULO 6

De acuerdo en las finanzas

Sin duda, están las personas que nacen con mentalidad de negociantes. Sus mentes parecen convertir cada aspecto de la vida en un plan para hacer dinero. Sus narices parecen olfatear las oportunidades de negocio. Sus dedos parecen echarles mano de manera espontánea. Ninguna moneda en la acera se pasa por alto. Sus carteras no pierden un centavo. Nuestro primer hijo tiene la bendición de ser una de estas personas.

EL DON DEL TRABAJO

Dos meses antes de que André comenzara el primer grado, nació su hermanita Yanabel.

Nosotros decidimos poner a André en una escuela pública, pero él no quería ir. Lo que quería en realidad era desaparecer de la escuela pública cada día. Le encantaba recibir las clases en casa. Así que tuvimos una conversación larguísima.

Con sumo cuidado le explicamos cómo podía aprender fuera de casa también y lo importante que era la escuela para el éxito en su vida. Le explicamos que a las personas cultas casi siempre se les paga más por su trabajo y que, a la larga, no se arrepentiría por lo que había estudiado. Le explicamos que, por lo tanto, si iba a la escuela, haría dinero. Era una buena inversión de su tiempo. Él estaba sentado en silencio escuchando con atención. Le preguntamos si había comprendido. Con sus ojos brillantes a más de una radiante sonrisa, me dio un gran abrazo. «Mamá, tienes razón. ¡Todo lo que necesito es ir a la escuela pública!» Luego, se fue corriendo al piso de arriba. Mis ojos lo siguieron todo el camino mientras corría hacia su cuarto. ¿Qué dije que le hizo cambiar de opinión? Sonreímos para nosotros mismos. «Qué agradable es tener un hijo tan lógico, razonable y obediente», reflexionamos. Siempre hemos admirado la singular perspectiva sobre la vida de nuestro hijo. ¿Dijimos singular?

El director de la escuela nos llamó a la casa en el primer semestre para una reunión especial. Nos llamaron a la dirección para discutir la «conducta de nuestro hijo». Cuando llegamos, mi hijo estaba sentado en un rincón de la oficina, con los puños apretados y los ojos tristes por la frustración. El director parecía molesto de igual manera.

—Señor y señora De León, su hijo ha estado vendiendo sus juguetes en la escuela. ¿Saben cuántos niños se han quedado sin almuerzo? ¿Saben lo difícil que les resulta estudiar cuando tienen hambre? ¡Su hijo tiene todo el dinero de sus almuerzos y se niega a devolvérselos!

—¡Ellos querían los juguetes! —dijo André angustiado—. Me dieron su dinero. ¡No querían que les devolviera el dinero! ¡Yo no...!

—Jovencito y señores De León —le interrumpió el director—, en la escuela no se permiten vendedores. Los estudiantes no pueden comprar ni vender. ¿Tienen alguna pregunta?

André estaba destrozado. Antes de que pudiéramos hablar, él lo hizo.

—Mamá, papá —dijo con tristeza—, ustedes me dijeron que yo podría hacer muchísimo dinero si iba a la escuela...

Siempre obediente, André sacó su abultado «calcetín afortunado» y me lo entregó. Estaba lleno de la ganancia del día: todas las monedas y el efectivo que había adquirido en su

negocio diario. Después, se lamentó con lágrimas en los ojos:
—Yo no comprendo...

> ¿Comprendemos que nuestro Creador nos ha dotado a todos con dones especiales y se supone que los usemos para su gloria?

¿Comprendemos? ¿Comprendemos que nuestro Creador nos ha dotado a todos con dones especiales y se supone que los usemos para su gloria? ¿Comprendemos que en esta vida Dios espera que todos seamos diligentes y trabajemos duro? ¿Comprendemos que tenemos la responsabilidad de contribuir y ayudar a otros en esta vida? ¿Comprendemos que tenemos un propósito aquí en la tierra? Hacer dinero no es necesariamente un pecado.

¡Trabajar no es una maldición! Se supone que usemos nuestras mentes, iniciativas y labores para bien. Debemos depender de Dios y utilizar todos los talentos que nos ha dado como pareja a fin de contribuir a este mundo en el que vivimos para la gloria de Dios. No nos diseñaron para permitir que las organizaciones políticas, sociales y hasta eclesiásticas piensen en nuestro lugar, ni nos provean para nuestras necesidades diarias. ¡Tenemos el llamado a depender de Dios y el trabajo para Él! Como dice Colosenses 3:23-24:

> Hagan lo que hagan, trabajen de buena gana, como para el Señor y no como para nadie en este mundo, conscientes de que el Señor los recompensará con la herencia. Ustedes sirven a Cristo el Señor.

En el jardín del Edén, Dios lo hizo todo perfecto, con todo y eso, se esperaba que el hombre trabajara. ¿Cuál era la responsabilidad del hombre? Según Génesis 2:15-19, Dios le dio al hombre dos tareas muy agradables: trabajar en el jardín y ponerles nombres a los animales. Después que Adán fue fiel en el trabajo, Dios lo recompensó con una maravillosa compañera, alguien que lo ayudaría con su trabajo:

> Dios el SEÑOR dijo: «No es bueno que el hombre esté solo. Voy a hacerle una ayuda adecuada». Génesis 2:18.

Dios se proponía que el trabajo fuera divertido. Además, se proponía de manera específica que se compartiera. Por favor, nota que Dios no le hizo a Adán alguien como él para que fuera su compañera. No, Eva era diferente por completo. Sería su ayudante, pero no sería ni haría todas las cosas como Adán. Tendría un papel único en su alianza. No había momentos para el aburrimiento en un nuevo mundo con animales asombrosos para denominar y jardines magníficos para planear... ¡todo con la dama desnuda más asombrosa a su lado! ¿Cómo se podría aburrir alguien cuando trabaja con una persona que es divertida, servicial, tiene una gran actitud... y está desnuda? Eva era el toque final de la creación. Dios le dio al fiel Adán la mujer más perfecta del mundo para que fuera su ayudadora.

> ¿Por qué ahora no vemos el trabajo tan maravilloso como lo fuera en el así dicho octavo día de la creación?

Dios hizo la vida para que fuera emocionante. El trabajo era parte de su plan. ¿Por qué ahora no vemos el trabajo tan maravilloso como lo fuera en el así dicho octavo día de la creación? ¿Qué falló? Si se suponía que el trabajo fuera grandioso, ¿por qué a menudo nos resulta tan pesado hoy?

El capítulo 3 de Génesis explica cómo Adán y Eva decidieron creer y seguir a Satanás en lugar de a Dios:

> La serpiente era más astuta que todos los animales del campo que Dios el Señor había hecho, así que le preguntó a la mujer:
>
> —¿Es verdad que Dios les dijo que no comieran de *ningún* árbol del jardín?
>
> —Podemos comer del fruto de todos los árboles —respondió la mujer—. Pero, en cuanto al fruto del árbol que está en medio del jardín, Dios nos ha dicho: "No coman de ese árbol, ni lo toquen; de lo contrario, morirán".
>
> Pero la serpiente le dijo a la mujer:
>
> —¡No es cierto, no van a morir! Dios sabe muy bien que, cuando coman de ese árbol, se les abrirán los ojos y llegarán a ser como Dios, conocedores del bien y del mal.
>
> La mujer vio que el fruto del árbol era bueno para comer, y que tenía buen

aspecto y era deseable para adquirir sabiduría, así que tomó de su fruto y comió. Luego le dio a su esposo, y también él comió.
Génesis 3:1-6 (cursiva añadida)

El resultado fue terrible. En Génesis 3:17-19, encontramos lo que Dios le dijo a Adán:

«Por cuanto le hiciste caso a tu mujer, y comiste del árbol del que te prohibí comer, ¡maldita será la tierra por tu culpa! Con penosos trabajos comerás de ella todos los días de tu vida. La tierra te producirá cardos y espinas, y comerás hierbas silvestres. Te ganarás el pan con el sudor de tu frente, hasta que vuelvas a la misma tierra de la cual fuiste sacado».

> La consecuencia de la desobediencia del hombre en el jardín del Edén fue ese trabajo que ya no sería tan sencillo ni tan llevadero.

La consecuencia de la desobediencia del hombre en el jardín del Edén fue ese trabajo que ya no sería tan sencillo ni tan llevadero. ¿El trabajo se convirtió en malo? No, pero ahora es más difícil de disfrutar. ¿Podemos seguir disfrutando del trabajo? ¡Sin duda alguna! Es más, se nos ordenó a trabajar duro, a hacerlo bien y a dar gracias por él.

En la Biblia, el apóstol Pablo nos dice lo siguiente:

> Porque incluso cuando estábamos con ustedes, les ordenamos: «El que no quiera trabajar, que tampoco coma». Nos hemos enterado de que entre ustedes hay algunos que andan de vagos, sin trabajar en nada, y que sólo se ocupan de lo que no les importa. A tales personas les ordenamos y exhortamos en el Señor Jesucristo que tranquilamente se pongan a trabajar para ganarse la vida. Ustedes, hermanos, no se cansen de hacer el bien.
> 2 Tesalonicenses 3:10-13

> Sirvan de buena gana, como quien sirve al Señor y no a los hombres.
> Efesios 6:7

Hagan lo que hagan, trabajen de buena gana, como para el Señor y no como para nadie en este mundo, conscientes de que el Señor los recompensará con la herencia. Ustedes sirven a Cristo el Señor.

Colosenses 3:23-24

¡Qué promesa tan maravillosa! ¡En el cielo nos recompensarán por la manera en que trabajemos aquí en la tierra! Repito, Dios tiene un plan para bendecirnos y vencer la maldición del pecado. ¡Él nos da esperanza y promesas!

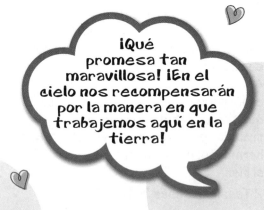

¿Tiene Dios algo que decirles a esos que prefieren ser holgazanes y no trabajar, a esos que rechazan el plan de Dios? ¡Claro que sí! Como acabamos de leer, 2 Tesalonicenses

3:10 dice: «El que no quiera trabajar, que tampoco coma». Además, a la persona holgazana se le promete que recibirá el fruto de su «labor». Proverbios 6:9-11 lo dice de esta manera:

> Perezoso, ¿cuánto tiempo más seguirás acostado? ¿Cuándo despertarás de tu sueño? Un corto sueño, una breve siesta, un pequeño descanso, cruzado de brazos... ¡y te asaltará la pobreza como un bandido, y la escasez como un hombre armado!

¡Nunca olviden que ustedes son un equipo! No se les ha dado el mismo trabajo. Ustedes tienen el llamado a complementarse el uno al otro dentro de la estructura de la familia. Se supone que trabajen... y que lo hagan juntos en armonía. Se supone que se ayuden el uno al otro. Si descubren que están compitiendo por el salario mayor, que si uno de los dos gana es que el otro pierde, ¡tienen un problema que está minando su matrimonio! Si el trabajo es más importante que el matrimonio, ¡su familia está en serios problemas! Se supone que se ayuden, aprecien y estimen el uno al otro. Ya seas el hombre o la mujer en su relación, se supone que te empeñes que tu cónyuge sea un éxito. ¡Esa es tu tarea!

¿Por qué deberíamos ser un equipo? Eclesiastés 4:9-12 nos da la respuesta:

> Más valen dos que uno, porque obtienen más fruto de su esfuerzo. Si caen, el uno levanta al otro. ¡Ay del que cae y no tiene quien lo levante! Si dos se acuestan juntos, entrarán en calor; uno solo ¿cómo va a calentarse? Uno solo puede ser vencido, pero dos pueden resistir. ¡La cuerda de tres hilos no se rompe fácilmente!

El primer hilo en su relación debe ser Dios. Los otros dos hilos deben ser ustedes como pareja.

El primer hilo en su relación debe ser Dios. Los otros dos hilos deben ser ustedes como pareja. ¡Juntos serán una fuerza poderosa y considerable! Juntos serán capaces de lograr grandes cosas. Divididos se derrumbarán. Hoy en día, muchas parejas tienen vidas separadas.

Así que, resistan la cultura popular y escojan el camino de Dios. ¡Usen sus dones! ¡Esfuércense para ser un equipo! ¡Trabajen juntos! ¡Serán bendecidos de muchas maneras!

CONFIANZA

¿Confías en nosotros? ¿Cómo lo sabemos? ¿Sabríamos que confías en nosotros si nos permiten cuidar de sus hijos? ¿Qué me dices si te permito que leas nuestro diario personal? ¿Qué si me pidieras que administrara tus finanzas? ¿Eso significaría que confiamos en ti? ¿Qué tal si te permito que nos cortes el cabello? Sin duda, existen muchos niveles de confianza. ¿Qué nivel de confianza deberíamos tener en el matrimonio?

Aunque la historia que vamos a contarte no está relacionada con las finanzas, tiene mucho que ver con las estas. Vamos a hablarte acerca de que nos despojen de la confianza pura. Vamos a decirte algo que solía hacerles Wenona a sus amigos, familiares y, en especial, a los chicos que les gustaba mientras crecía. Era como un terrible recurso... un dispositivo de eliminación, si así lo prefieres. Llámalo como quieras, pero era un medio útil para medir la confianza de sus relaciones. Dejemos que Wenona nos cuente la historia.

De Wenona

Cuando Jeffrey y yo estábamos comprometidos, antes de casarnos, lo probé a fin de ver si era alguien que se fiaría de mí. Aunque parezca que no tiene nada que ver con las finanzas, sí lo tenía en realidad. ¡Quise ver si este hombre al que estaba a punto de darle mi confianza, se fiaría de mí... ¡No me juzgues!

Desde que tengo uso de razón, me ha encantado jugar con el cabello... ¡y cortarlo! Cortaba mis propios flequillos antes de las fotos de la escuela... ¡lo cual no le agradaba a mi madre! Podaba árboles, recortaba la hierba y los setos y cortaba las rosas con mis tijeras. Le cortaba el pelo a los perros, la melena de los caballos y la lana de mi oveja. Hasta les recortaba las alas a mis pollos. ¡Disfrutaba la finca en que me criaba y me encantaban mis tijeras! Quizá ahora pienses que voy a comenzar a hablarte de las finanzas y cómo empecé a cortar gastos. En realidad, no. Quiero hablarte acerca de algo más básico: El principio de la confianza. Volvamos al corte de cabello...

Cuando tenía trece años, les corté el cabello a mis tíos y algo ocurrió dentro de mí. Me di cuenta de cuánta confianza probaba el corte de cabello. ¿Qué mejor prueba para medir la profundidad de mis amistades que la del corte de cabello? Mi mamá confiaba en mí, mi papá no. Mi vecina confió en mí, su madre no... alguna que otra vez. Los chicos que me pedían salir, confiaban en mí o nunca obtenían una cita. ¡Era la prueba perfecta! Entonces, ¡conocí a Jeffrey!

Tengo que admitir que había ocasiones en que quedaban mejor que en otras... pero a veces no. La confianza es un aprendizaje y una experiencia creciente. Aprendía. Además, había siempre la esperanza de que creciera el pelo... Por la época de nuestra boda, al fin Jeffrey puso su confianza y su cabello en mis manos. Aunque teniendo en cuenta lo que le pasó a Sansón, a Jeffrey no le parecía bueno. Por fortuna, lo fue. Dios respondió mi sincera oración e hice un buen corte. Nuestra confianza no recibió ningún golpe. Los dos estábamos felices. Al matrimonio no lo opacó un hecho desagradable. Alcanzamos un nuevo nivel en nuestra relación. Pasaríamos muchos momentos más de unión y confianza como pareja.

> Cuando dos personas se comprometen a ser una, deben aprender a confiar.

¿Qué tiene que ver esto con las finanzas? ¡Todo! Cuando dos personas se comprometen a ser una, deben aprender a confiar. Deben confiar el uno en el otro para ser fieles y verdaderos. Deben confiar el uno en el otro para guardarse las espaldas y nunca permitirle a nadie que venga a hablarle del otro o entre ellos. Deben confiar el uno en el otro para criar a sus hijos. Asimismo, deben aprender a estar de acuerdo en cómo gastar su dinero. Deben confiar el uno en el otro para hacerlo con mucha sabiduría. Es más, deben aprender a confiar el uno en el otro para todos los recursos y bienes que adquieran en esta vida. Deben aprender a confiar. En realidad, cada uno de nosotros, ya sea soltero o casado, debe aprender a confiar en las dos esferas más esenciales de nuestras vidas: Dios y el dinero.

Dios hizo a las personas maravillosamente únicas. Con esas diferencias vienen los enfrentamientos y abusos, o los vínculos emocionales y las bendiciones en dependencia de cómo nos fundimos y crecemos en unidad de espíritu. Es lamentable, pero las personas son imperfectas. Algunas son adictas al trabajo. Otras son adictas a la televisión. Algunas personas son susceptibles al vendedor astuto. Otras son las vendedoras astutas. Algunas personas gastan de manera egoísta, mientras que otras dan con generosidad... incluso con demasiada generosidad.

Algunas personas viven sin escrúpulos, mientras que otras tienen principios. Algunas personas ahorran, otras no. Algunas personas invierten en la iglesia. Otras invierten en el mercado.

> En marcado contraste, vemos que, en las manos de Dios, nuestras diferencias son como el irritante grano de arena en la ostra que produce la perla perfecta de una relación.

Estas diferencias pueden ser el campo de juego del diablo en el matrimonio si no se atienden y resuelven lo más pronto posible. En marcado contraste, vemos que, en las manos de Dios, nuestras diferencias son como el irritante grano de arena en la ostra que produce la perla perfecta de una relación.

¿Qué deseamos? ¿Sueños rotos en el campo de juego del maligno o la perla perfecta de la armonía? Dios dice que el secreto de todo esto, el secreto de la armonía, es ponerlo primero a Él. Es más, la manera en que podemos poner nuestras diferencias en perspectiva y en orden mediante la obediencia a Dios es una esfera crucial en nuestras vidas. A esto se le llama «el diezmo».

EL PRINCIPIO DE LA CONFIANZA EN DIOS: EL DIEZMO

¿Qué es el diezmo? Según el *Nuevo Diccionario de la Biblia*, el diezmo es el «diez por ciento de cualquier producto o fruto agrícola, así como del ganado que se dedicaba a Dios. También era la porción de un botín que se apartaba para el santuario. Es una costumbre muy antigua practicada por muchos pueblos [...] En el NT la práctica de ofrendar supera al diezmo, ya que no se hace por imposición, sino por gratitud y con alegría (2 Co. 9:7). La iglesia primitiva ofrendaba en forma muy generosa para poder suplir las necesidades materiales de los santos (Hch. 2:45; 4:34-37)»[1].

> Dios no nos pide que diezmemos *por el beneficio de la iglesia*, más bien nos pide que lo hagamos por *nuestro beneficio*.

La práctica del diezmo aparece en la Biblia desde Abraham (Génesis 14:20) y, como vimos, lo adoptó la iglesia desde sus inicios. Según algunos eruditos, después de la Reforma los diezmos se impusieron para el beneficio de las iglesias protestantes y las católicas romanas. Sin embargo, esto no es necesariamente cierto. A veces, en la historia, vemos que los imponían los hombres, no Dios. Él no nos pide que diezmemos *por el beneficio de la iglesia*, más bien nos pide que lo hagamos por nuestro beneficio. Es más, le pidió al hombre que le mostrara su gratitud, lo cual es una forma de adoración. Sin embargo, Dios nunca nos obliga a hacer esto. Como ves, Dios es un caballero. En lugar de hacer robots o esclavos, creó a los seres humanos para adoptarlos como sus hijos. Nos dio libre albedrío. Siempre su deseo fue que el hombre decidiera agradecerle por el maravilloso planeta que hizo para el disfrute del hombre. Siempre su deseo fue tener una relación con el hombre. El diezmo es una manera aceptable de expresarle a Dios amor y confianza, a fin de manifestarle nuestro agradecimiento. ¡Es una forma muy básica para que el hombre le muestre a Dios que Él fue y es lo más importante en el mundo y en nuestras vidas! Mateo 6:19-21 dice:

No acumulen para sí tesoros en la tierra, donde la polilla y el óxido destruyen, y donde los ladrones se meten a robar. Más bien, acumulen para sí tesoros en el cielo, donde ni la polilla ni el óxido carcomen, ni los ladrones se meten a robar. Porque donde esté tu tesoro, allí estará también tu corazón.

Dios quiere que diezmemos porque deseemos hacerlo. Dios quiere que diezmemos porque deseemos tesoros eternos. Dios quiere que diezmemos porque confiemos en Él y le amemos. Dios también espera que diezmemos. Cuando obedecemos mediante el diezmo, Dios hace un acto asombroso, algo que ha estado deseando y esperando hacer por nosotros: ¡Él llena nuestras vidas terrenales con buenas cosas y bendiciones!

Lee lo que Dios dice acerca del diezmo en el libro de Malaquías 3:6-12:

>«Yo, el Señor, no cambio [...] Desde la época de sus antepasados se han apartado de mis preceptos y no los han guardado. Vuélvanse a mí, y yo me volveré a ustedes —dice el Señor Todopoderoso—.
>
>»Pero ustedes replican: "¿En qué sentido tenemos que volvernos?"

»¿Acaso roba el hombre a Dios? ¡Ustedes me están robando!

»Y todavía preguntan: "¿En qué te robamos?"

»En los diezmos y en las ofrendas. Ustedes —la nación entera— están bajo gran maldición, pues es a mí a quien están robando.

»Traigan íntegro el diezmo para los fondos del templo, y así habrá alimento en mi casa. Pruébenme en esto —dice el Señor Todopoderoso—, y vean si no abro las compuertas del cielo y derramo sobre ustedes bendición hasta que sobreabunde. Exterminaré a la langosta, para que no arruine sus cultivos y las vides en los campos no pierdan su fruto —dice el Señor Todopoderoso—. Entonces todas las naciones los llamarán a ustedes dichosos, porque ustedes tendrán una nación encantadora —dice el Señor Todopoderoso».

¿Quieres ganar el dinero suficiente para satisfacer tus necesidades? ¿Quieres paz en tu casa, alimento en tu mesa y bendiciones para cada uno de ustedes en el hogar? Entonces, diezma. Si deseas que Dios bendiga a tu cónyuge, pon a Dios primero. Cuando damos el paso de fe de dar el diez por ciento de nuestros ingresos, demostramos que, en verdad, ¡ponemos nuestra confianza en Dios y, como resultado, Él nos recompensará en cada etapa de nuestra vida!

> Si Dios posee «los animales del bosque» y «también el ganado de los cerros», como dice el Salmo 50:10, ¿por qué necesita mis billetes, monedas, frutas, granos y aceites? La respuesta es muy sencilla. Dios quiere ser el Señor de cada aspecto de tu vida.

¿Deberíamos darle a Dios solo el diez por ciento de nuestros ingresos? En los libros de Éxodo y Levítico, Dios menciona innumerables esferas en las que podemos diezmar. ¿Por qué diría esto? ¿Por qué Dios nos pide que demos algo, por qué el diezmo? Si Él posee «los animales del bosque» y «también el ganado de los cerros», como dice el Salmo 50:10, ¿por qué necesita mis billetes, monedas, frutas, granos y aceites? Si Él tiene muchísimo más que nosotros, ¿por qué espera que le demos lo primero de lo poco que tenemos? La respuesta es muy sencilla. Dios quiere ser el Señor de cada aspecto de tu vida, ¡así que Él puede bendecirte en cada esfera de tu vida!

El dinero está en los primeros puestos de la lista de cosas que gobierna el corazón de los hombres. Si le das tu dinero, al menos el diez por ciento del total de tu salario, das un gran paso de fe. Dios lo nota. Él te recompensará. Hebreos 11:6 habla de lo importante que es para Dios tu fe:

> **En realidad, sin fe es imposible agradar a Dios, ya que cualquiera que se acerca a Dios tiene que creer que él existe y que recompensa a quienes lo buscan.**

Si nos negamos a dar nuestro diezmo hasta que hayamos apartado dinero para las cuentas o el placer, ¿es eso fe?

En Guatemala hay un pueblo ya famoso por décadas. No es famoso por su educación, arquitectura, ni minerales naturales. Es famoso debido a sus frutas y verduras. A este pueblo se le conoce por Almolonga y queda en la región de Quetzaltenango. Lo fundaron devotos cristianos cuyo deseo era agradar a Dios.

Diezmaban y vivían de acuerdo con la Palabra de Dios. Como resultado, Dios los bendijo. Las frutas y las verduras que cultivan esos aldeanos son como ningunas otras en el mundo. El tamaño de los productos es varias veces mayor que los que están en venta… ¡sin abonos para el comercio! ¡El sabor es asombroso! Y el valor nutricional de los productos de esta aldea es superior también. ¡Las personas en Guatemala reconocen que Dios ha cumplido su palabra y bendecido la tierra porque este pueblo lo puso primero a Él!

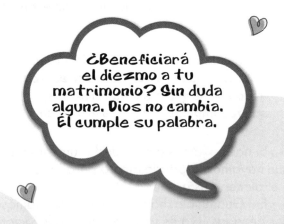

¿Beneficiará el diezmo a tu matrimonio? Sin duda alguna. Dios no cambia. Él cumple su palabra.

¿Beneficiará el diezmo a tu matrimonio? Sin duda alguna. Dios no cambia. Él cumple su palabra. ¿Pondrán su confianza en Él como pareja en este campo esencial de la vida? ¡No te arrepentirás!

POR EL AMOR

Es natural que deseemos ser ricos. ¿Es malo? Hace poco le pregunté a una anciana de ochenta y siete años llena de vida en nuestra congregación: «¿Cuál es tu secreto para una vida tan larga?». Me sonrió y dijo: «Amar a Dios y contentarme con lo que tengo». ¡Vaya! ¡No me extraña que tan pocas personas se vean tan bien como ella ni vivan tanto tiempo! ¿Cuántas personas aman en realidad a Dios con todo el corazón y han aprendido el secreto del contentamiento? El contentamiento es un hallazgo raro. ¡Necesitamos el poder sobrenatural si queremos encontrarlo en esta vida!

Gran ganancia es la piedad acompañada de contentamiento; porque nada hemos traído a este mundo, y sin duda nada podremos sacar. Así que, teniendo sustento y abrigo, estemos contentos con esto. Porque los que quieren enriquecerse caen en tentación y lazo, y en muchas codicias necias y dañosas, que hunden a los hombres en destrucción y perdición; porque raíz de todos los males es el amor al dinero, el cual codiciando algunos, se extraviaron de la fe, y fueron traspasados de muchos dolores.
1 Timoteo 6:6-10, RV-60

¿Estás satisfecho? ¿Eres capaz de disfrutar tu familia o estás enfocado en alcanzar ese huidizo sueño financiero? ¿Es tu ambición dañar tus relaciones? ¿No te encantaría aprender la manera de tener contentamiento? En el siglo veintiuno, las finanzas son un asunto importante. Sería maravilloso sugerir que lo que Dios deseaba era que estuviéramos siempre ocupados. ¿Verdad? ¿Es así? Detesto reventar tu burbuja, pero no. Dios no desea que nosotros seamos adictos al trabajo. Quiere que lo pongamos primero a Él. Los adictos al trabajo ponen primero su empleo. Eso es lo más importante para ellos, a pesar de que dicen que es su familia. Son esclavos.

La primera manera de apartar al matrimonio de las distracciones es poniendo a Dios en el trono.

Las finanzas son básicas para la vida, ¿pero cómo puede sobrevivir un matrimonio con la adicción al trabajo? Lo que es peor, ¿cómo podemos vencer toda la absorbente amenaza de la nueva era del entretenimiento electrónico que ha esclavizado a nuestra generación? ¿Hay alguna esperanza para liberarse? Como cualquier adicción, el punto de partida de nuestra liberación es Jesús. Con su ayuda, ¡debemos reexaminar en oración nuestras prioridades y cambiar!

La primera manera de apartar al matrimonio de las distracciones es poniendo a Dios en el trono. ¿De verdad? Sé que parece extraño. No ponemos literalmente a Dios en alguna parte. Nos referimos a nuestra decisión, hablando en sentido figurado, de situar a Dios como la persona más importante en nuestra vida. Tú puedes hacer esto al tener un breve devocional cuando te levantas, diezmas o le das lo primero a Dios cada día. Puedes darle a Dios lo primero de tu semana y puedes ir a una congregación y servir. Puedes hacerlo al «orar sin cesar» durante el día por las decisiones que debas tomar. Además, puedes hacerlo memorizando pasajes bíblicos. La Palabra de Dios renovará tu mente.

En el Salmo 119:9-11 (RV-60), el rey David nos cuenta su secreto:

> ¿Con qué limpiará el joven su camino? Con guardar tu palabra. Con todo mi corazón te he buscado; no me dejes desviarme de tus mandamientos. En mi corazón he guardado tus dichos, para no pecar contra ti.

El rey David sabía el secreto para tener un buen matrimonio y una vida satisfecha. Puso a Dios primero. Dios quiere que nosotros simplifiquemos nuestras vidas. Él quiere que usemos nuestro tiempo con sabiduría.

> **Necesitamos despejar el desorden o cualquier cosa que se interponga en el camino de pasar tiempo de calidad con Dios y nuestra familia.**

Necesitamos despejar el desorden o cualquier cosa que se interponga en el camino de pasar tiempo de calidad con Dios y nuestra familia. ¿Diría tu esposo que está primero? ¿O te encuentras demasiado ocupada cocinando o limpiando la casa? ¿Diría tu esposa que está primero o te encuentras demasiado ocupado viendo la televisión, navegando en la Web, hablando con tu *iPhone*, enviando mensajes de texto, leyendo boletines electrónicos o escribiendo en *Twitter*? ¿Mencioné *Facebook*?

Si no puedes contestar estas preguntas para satisfacer a tu esposo, quizá debas tomar un cuaderno y controlar la manera en que pasas el tiempo. Tal vez debas simplificar tu vida y poner en orden tus prioridades. Si descubres que el interés en el dinero o en cualquier otra cosa buena te ha transformado y ahora consume tu vida, busca la ayuda del Señor y tu cónyuge para cambiar. Decide cortar de manera drástica el entretenimiento, los mensajes vía Internet o cualquier cosa que le robe a tu esposa tiempo de calidad. Disciplínate o libérate de esto. Pon tu prioridad en la Palabra de Dios y en tus relaciones familiares. A decir verdad, ¡Jesús es la respuesta a los problemas que enfrentamos!

PERDÓN

¿Alguna vez has escuchado la famosa cita de Alexander Pope: «Errar es humano, perdonar es divino»? ¿Estás de acuerdo? ¿Quién no ha fallado nunca? Solo Jesús. ¿Eres tú perfecto? ¿Lo somos nosotros? Entonces, ¿por qué será que de manera subconsciente nos imponemos, exigimos y esperamos la perfección de nuestro cónyuge? ¿Es generoso o egoísta esperar algo de otros que nosotros mismos somos incapaces de lograr? Sin duda, tu debilidad y tu fracaso están en una esfera diferente a la de tu cónyuge. ¿No es una hipocresía de nuestra parte condenar a nuestro cónyuge por sus debilidades mientras tenemos paciencia con las nuestras?

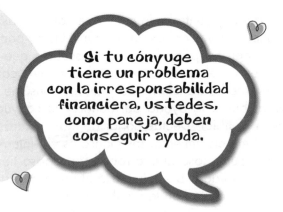

Si tu cónyuge tiene un problema con la irresponsabilidad financiera, ustedes, como pareja, deben conseguir ayuda.

Las finanzas son una esfera de debilidad para muchas personas. Nos referimos al dinero: cómo se hace, cómo se gasta y cuánto se comparte. ¿Siempre le dices a tu cónyuge la verdad acerca de tus gastos? ¿Quién no ha hecho nunca una mala decisión en el campo de las finanzas? ¿Quién no ha tenido que arrepentirse jamás? Si tu cónyuge tiene un problema con la irresponsabilidad financiera, ustedes, como pareja, deben conseguir ayuda.

Sin embargo, cuando recibas la consejería, empieza contigo mismo. Tu cónyuge quizá tenga debilidades en el campo de las finanzas. ¡Tú tal vez tengas un pecado! ¿Ha dañado tu relación la irresponsabilidad de tu cónyuge? ¿Encuentras que tu amor ha menguado? ¿Te ves deseando haberte casado con otra persona? ¡Haz un alto! Cada uno de nosotros es imperfecto. Si no aprendemos a perdonar los errores de nuestro cónyuge, estamos pecando. Jesús nos dice lo siguiente en el Evangelio de Mateo:

> Porque si perdonan a otros sus ofensas, también los perdonará a ustedes su Padre celestial. Pero si no perdonan a otros sus ofensas, tampoco su Padre les perdonará a ustedes las suyas.
> Mateo 6:14-15

> Bienaventurados los misericordiosos, porque ellos alcanzarán misericordia.
> Mateo 5:7, RV-60

Si comenzaste a ver a tu cónyuge como tu enemigo en lugar de tu ayudador, considera las palabras de Jesús en Mateo 5:43-45:

> «Ustedes han oído que se dijo: "Ama a tu prójimo y odia a tu enemigo". Pero yo les digo: Amen a sus enemigos y oren por quienes los persiguen, para que sean hijos de su Padre que está en el cielo».

En Colosenses 3:12-14, el apóstol Pablo aconseja lo siguiente:

> Por lo tanto, como escogidos de Dios, santos y amados, revístanse de afecto entrañable y de bondad, humildad, amabilidad y paciencia, de modo que se toleren unos a otros y se perdonen si alguno tiene queja contra otro. Así como el Señor los perdonó, perdonen también ustedes.

Por último, antes de que se puedan ayudar el uno al otro para sanar en este aspecto, tienen que hacer un compromiso de trabajar juntos en esto hasta el final. No obstante, quizá esto tome mucho tiempo y deban comprometerse a resolver el asunto mediante la oración como equipo. Mira lo que Jesús dice en Lucas 17:3-4:

> «Si tu hermano peca, repréndelo; y si se arrepiente, perdónalo. Aun si peca contra ti siete veces en un día, y siete veces regresa a decirte "Me arrepiento", perdónalo».

Si tienen necesidades financieras, no se culpen entre sí. ¡No le den cabida a la falta de perdón en sus corazones! En su lugar, tengan unidad. ¡Únanse como pareja y oren por la ayuda de Dios!

> «Pidan, y se les dará; busquen, y encontrarán; llamen, y se les abrirá. Porque todo el que pide, recibe; el que busca, encuentra; y al que llama, se le abre.
>
> »¿Quién de ustedes, si su hijo le pide pan, le da una piedra? ¿O si le pide un pescado, le da una serpiente? Pues si ustedes, aun siendo malos, saben dar cosas buenas a sus hijos, ¡cuánto más su Padre que está en el cielo dará cosas buenas a los que le pidan! Así que en todo traten ustedes a los demás tal y como quieren que ellos los traten a ustedes. De hecho, esto es la ley y los profetas».
>
> Mateo 7:7-12

¡Nunca olviden que la Palabra de Dios es verdadera! Él es el epítome de todo lo bueno. Separados de Él, no encontraremos satisfacción duradera. Dios es el único que quiere lo mejor para ustedes. Así lo dice Él en Jeremías 29:11-14:

> «Porque yo sé muy bien los planes que tengo para ustedes —afirma el Señor—, planes de bienestar y no de calamidad, a fin de darles un futuro y

una *esperanza. Entonces ustedes me invocarán, y vendrán a suplicarme, y yo los escucharé. Me buscarán y me encontrarán, cuando me busquen de todo corazón. Me dejaré encontrar —afirma el Señor—, y los haré volver del cautiverio».*

¿Están buscando a Dios con todo su corazón? ¿Están poniendo su confianza en Él? ¡Ahora es el momento de comenzar!

Nota
1. Alfonso Lockward, editor general, *Nuevo Diccionario de la Biblia*, Editorial Unilit, Miami, FL, 2003, p. 292.

CAPÍTULO 7

Las necesidades de tu pareja

¿Por qué es que el hombre, aun cuando supla todo lo llamado «necesidades», sigue sintiéndose vacío? ¿Pueden nuestras esposas satisfacer este vacío? ¿Puede llenarlo una nueva esposa o esposo? Las personas a menudo se casan esperando que el matrimonio las «completen». ¿Pueden los amigos satisfacer este vacío? Las personas muchas veces invierten en las amistades y el matrimonio esperando que lo hagan.

La verdad es que nada en este mundo puede completarnos si no es Dios. Somos seres espirituales. Tenemos necesidades espirituales. Solo nos sentiremos completos una vez que descubramos cómo llenar nuestras necesidades espirituales. Solo cuando estemos completos seremos capaces de disfrutar a nuestro cónyuge, nuestros hijos y nuestros amigos de la manera que quería Dios. Es decir, sin expectativas ni demandas irrealistas.

La verdad es que nada en este mundo puede completarnos si no es Dios.

Dios, el Creador, habló a través de su Palabra dándonos información acerca de lo que necesitamos y el porqué. Sí, tenemos necesidades. No obstante, ¿cómo podemos satisfacerlas? ¿De dónde viene nuestra satisfacción? En realidad, los hombres y las mujeres somos diferentes. ¡Dios nos hizo de esa manera! Dios nos dio necesidades diferentes.

La primera necesidad del hombre es bastante obvia. Para sentirse amado, necesita literalmente relación sexual. Después necesita una amistad, una compañía, con la cual pasar tiempo y, por último, necesita que le respeten y admiren. La primera necesidad de la mujer, como sabe todo el mundo, es alguien para conversar. Al igual que los hombres necesitan relación para sentirse amados, las mujeres necesitan conversar (y que las escuchen). Las mujeres también necesitan a alguien que las abrace y se preocupe por ellas. Por último, las mujeres necesitan a alguien que las proteja. En resumen, estas son nuestras necesidades básicas.

ADMIRACIÓN

Dios hizo al hombre y a la mujer por separado. Además, el material con que los hizo fue diferente también. A Adán lo hizo del polvo. A la mujer la hizo de la costilla de Adán. (Técnicamente lo mismo, solo quitó un paso). Se suponía que la mujer fuera atractiva para el hombre. La voluntad de Dios era que Adán dijera cuando vio a Eva: «¡Increíble!». Aunque todo lo que Adán dijo y pensó no se registró en la Biblia, ¡estamos casi seguros de que lo dijo! Así lo expresa la Biblia:

> Y vio Dios *todo* lo que había hecho, y he aquí que era bueno en *gran* manera.
> Génesis 1:31 (RV-60, cursiva añadida)

Dios hizo al hombre para que fuera, en el mejor sentido de la palabra, como los depredadores que su presa les atraen de manera visual.

Al hacer a la mujer quitó un paso. Aunque en esencia es lo mismo, dado que a las mujeres se les puede atraer por la vista también, casi todas las mujeres tienen la habilidad de que les atraiga del hombre el sentido del humor o las cualidades de fidelidad, sin tener en cuenta el factor de feo.

Nosotros a menudo bromeamos: «Sabemos que Dios ha bendecido un país cuando todas las mujeres que vemos son bellas. ¡Lo que nos sorprende es cómo pueden estar casados con hombres tan feos!». Los hombres necesitan a alguien que les atraiga. ¡Las mujeres necesitan a alguien que puedan admirar!

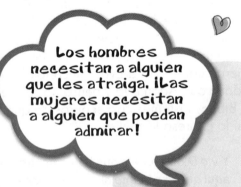

De Wenona

Cuando conocí a Jeffrey, solo llevaba una semana en Guatemala. Era el orador en el campamento y no sabía mucho inglés. Yo era la nueva maestra de inglés en el pueblo.

Recuerdo la noche en que me fijé por primera vez en Jeffrey. Era una noche hermosa. Todos los campistas estaban sentados alrededor de la fogata. De repente, Jeffrey apareció con una linterna que brillaba de manera sorprendente y temible en su cara: «Soy Jeeeeffreeeey», dijo con una espantosa voz profunda. ¡Estaba impresionada! No lo vi mucho durante el campamento, excepto cuando él estaba hablando. Lo vi una vez parado solo en un tronco cerca de una catarata… No estaba enamorada, pero en verdad deseaba tomarle una foto. Era una vista muy hermosa. Ese joven guapo y esa agreste y rugiente catarata verde que descendía de las montañas donde vaga todavía el quetzal. Le pregunté si podía tomar su fotografía. Dijo que no. Me quedé impresionada. «He aquí un hombre de carácter», pensé. «Debo hablar con él. Es muy joven, quizá le pueda ayudar a buscar una universidad». Jeffrey tiene tres años menos que yo. Así que no pensé en interesarme en él. Sin embargo, estaba intrigada.

Al cabo de tres meses, estaba tan impresionada por Jeffrey que comencé a ver a los hombres de otra manera. Antes que conociera a Jeffrey, a los chicos los comparaba de manera subconsciente con mi padre. Después que conocí a Jeffrey, ¡me daba cuenta que los comparaba con él! Además, ¡descubrí que, para mí, ningún chico que conocía era la mitad de lo que era Jeffrey! ¡Él era, y es, el único al que podría admirar!

Al cabo de tres meses, estaba tan impresionada por Jeffrey que comencé a ver a los hombres de otra manera.

Había más en él que su edad y estatura. Había más en él que su constitución atlética y sus hermosos rasgos. El carácter de Jeffrey me atrajo, me impresionó, me intrigó y, a la larga, me cautivó. Es más, estaba tan impresionada por su devoción a Dios y su total dedicación a esparcir la Palabra que le escribí un poema. No sé si se traduce, pero te mostraré la última estrofa lo mejor que pueda... Para esos que no conocen la historia de Guatemala, les diré lo poco que conozco.

Hace mucho tiempo, cuando los europeos llegaron a Guatemala, se quedaron fascinados con los edificios y las riquezas del Imperio Maya. Trataron de luchar con espada y escudo, pero por mucho que lo intentaban no podían, pues a los poderosos guerreros de Guatemala los dirigía el guerrero más poderoso de todos. Su nombre era Tecún Umán. En la selva tropical luchaba como un escurridizo leopardo. En un combate cuerpo a cuerpo era imposible vencerlo. Pronto los españoles se dieron cuenta que nunca se vencería a Guatemala si no moría Tecún Umán. Así que los invasores concibieron un ingenioso plan. Fabricarían lanzas muy largas. Atraerían al poderoso guerrero de su refugio de la selva hacia un espacio abierto, lo rodearían con sus caballos de guerra y, luego, lo traspasarían con sus lanzas a tal distancia que él no los pudiera golpear. Y así fue. El plan dio resultado. A Tecún Umán lo atrajeron hacia un descampado y le atravesaron el corazón con las largas lanzas españolas.

La leyenda dice que mientras caía a tierra, el quetzal se posó en su pecho ensangrentado y después voló con el espíritu de Tecún Umán a las selvas de Guatemala. En la actualidad, el quetzal vive en pocos lugares del mundo. Se le identifica por su ondulante plumaje verde y su pecho como manchado de sangre. No puede vivir ni unas horas en cautividad. ¡Para Guatemala simboliza libertad!

Este es parte del poema que le escribí a Jeffrey en 1989:

Quetzal

Cobán no te oculta, aunque lo busques en descanso.

El llamado y la mano de Dios sobre ti están...

¿Ves tu pecho manchado de sangre y manso?

Llamado a la guerra espiritual tu alma y cuerpo están,

Peleando por parte del pueblo... ¡el guerrero de leyenda, Tecún Umán!

Me imaginaba a Jeffrey como un valiente de corazón, gritando solo una cosa en el campo de batalla de la vida: «¡LIBEEEEERTAD! ¡LIBEEEEERTAD DEL PECADO!». Todavía lo veo como un devoto guerrero por Dios, arriesgando su vida cada día, ¡a fin de proclamar la verdad y la libertad en Cristo! ¿Estaba equivocada? Lo admiré entonces. Todavía lo admiro hoy. Antes de conocer a Jeffrey, nunca quise casarme. Recuerdo que le dije a Dios: «Si tú quieres que me case, estoy dispuesta. Solo que, por favor, dame un hombre que se pare firme en contra del mundo entero y haga y diga lo que sea verdad y adecuado ante tus ojos». Si alguna vez has escuchado a mi esposo hablar, eres testigo de que Dios me respondió. ¡Estoy casada con un hombre que respeto y admiro de manera profunda!

Si has perdido tu admiración por tu cónyuge, o si te casaste por otras razones y nunca le has admirado, este es el momento para que decidas hacerlo. El amor es una decisión. También lo es el respeto y la admiración. ¿Cuáles son las cualidades admirables en tu cónyuge? Nadie es perfecto. Por favor, no me hables de sus imperfecciones. ¿Qué es lo que admiras? ¿Qué es lo que te atrajo? ¿Qué es lo que todavía te gusta, amas o disfrutas de tu cónyuge? Decide admirarle. Estúdiale como lo hiciste antes de casarte. Comienza con la parte externa, después piensa en su carácter. Dios hizo una pareja perfecta para cada uno de nosotros. ¡Algunas veces olvidamos que nuestro cónyuge es una bendición! Cuando comiencen a notar lo bueno del uno al otro, descubrirás que te enamoras otra vez. Serás capaz de proclamarle al mundo: «¡Me casé con la mejor persona!».

> Si has perdido tu admiración por tu cónyuge, o si te casaste por otras razones y nunca le has admirado, éste es el momento para que decidas hacerlo.

De Wenona

La aventura de la selva

Mi padre fue profesor de ciencia. Un verano, llevó a un grupo de estudiantes del instituto al bosque con el fin de que recibieran instrucción de supervivencia y reunieran especímenes de la vida acuática. Esto fue durante los años de 1960, cuando muchas mujeres se rebelaban en contra de la tradición y trataban de expresarse en el movimiento feminista.

En esta excursión en particular había varias feministas. El primer día, uno de los muchachos se lamentó con mi padre: «¡No puedo creer que vaya a tener que estar pegado a estas *perras* por siete días!». Mi padre estuvo de acuerdo cuando contempló el grupo de muchachas con mirada dura, aspecto descuidado de hippie, cejas espesas y piernas velludas que andaban detrás de ellos. Mi padre informa que para el quinto día, los muchachos estaban interactuando en realidad con las chicas. ¡Varios mostraban señales de atracción y de formar parejas! En el último día de la excursión, el muchacho que en un inició pensó que todas las chicas eran «perras», tenía novia. «No sé cómo pasé por alto a esta el primer día», dijo sonriendo, mientras montaba en el ómnibus para el viaje de regreso a la civilización. Al regresar mi padre a casa, contó la historia y bromeó:

«Cuándo las opciones son escasas, todos los especímenes parecen buenos».

Para el quinto día, los muchachos estaban interactuando en realidad con las chicas.

Quizá existan uno o dos factores en juego... ¿Qué crees que les llamó la atención a esos chicos del instituto este grupo de mujeres poco atractivas? ¿Solo les atrajeron las hormonas? ¿O es que otro nivel de atracción tuvo lugar en esos bosques? ¿Duraría la atracción una vez de regreso a la civilización? Además, ¿qué les atrajo de esos chicos a las feministas? Por lo visto, los hombres, que en un principio son criaturas visuales, tienen otra necesidad igual de importante. Como al rompecabezas que le falta su última pieza para terminarlo, los hombres *necesitan compañía*.

A pesar de que esas chicas no eran atractivas de modo visible, el hecho de que les acompañaran en la excursión en busca de especímenes acuáticos en la remota parte de un bosque nacional los hicieron compañeros en la aventura. ¡Eso era atractivo! ¿Y qué me dices de las chicas que eran indiferentes en un principio? Quizá en lo más profundo se sintieran más cómodas al caminar por ese oscuro bosque junto a uno de esos chicos grandes y fuertes. Las mujeres *necesitan comunicación* y sentirse *a salvo y seguras*.

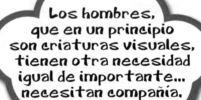

Los hombres, que en un principio son criaturas visuales, tienen otra necesidad igual de importante... necesitan compañía.

Revive el momento

Por naturaleza, los hombres y las mujeres se necesitan los unos a los otros. ¡Así nos hizo Dios! ¿Duraron esas relaciones al regresar a la civilización? Lo dudo. No se debe a que esas jóvenes parejas no encontraran aspectos comunes, sino porque la sociedad les decía que debían tener otras necesidades y expectativas. Al menos podemos aprender una cosa de esta historia real. Podemos aprender que debemos proteger nuestra relación de las distracciones de la sociedad. Nuestro deber como parejas casadas es el de mantener viva nuestra atracción basados en la mayor parte de nuestras necesidades fundamentales.

Por ejemplo, si una de estas parejas sobreviviera en realidad, sería bueno que juntos mantuvieran la afición por el excursionismo, a fin de no perder el vínculo que forjó su relación. ¿Qué les unió? ¿Han vuelto alguna vez a sus raíces como pareja y han vuelto a vivir el momento? Sin duda, esto es una práctica muy romántica.

> ¿Han vuelto alguna vez a sus raíces como pareja y han vuelto a vivir el momento? Sin duda, esto es una práctica muy romántica.

Como les dije antes, conocí a Jeffrey en un campamento. Era el orador de la conferencia. ¡Me quedé impresionada! Me gustaría decir que a él le cautivó mi belleza. Sin embargo, no fue así. Creo que me dijo que la primera vez que me vio detestó mi participación en el show de talentos. Jeffrey se sintió atraído hacia mí cuando me vio jugando voleibol y al comprobar mi amor por la Palabra de Dios. A mí me atrajo su habilidad para hablar, su liderazgo, su sabiduría, su madurez y su actitud sincera. ¿Mencioné sus labios? ¡Eso vino después! ¡Mucho después!

Encontramos unas casi ideales piezas para nuestro rompecabezas que se han perfeccionado a través del tiempo con la bendición de Dios. ¡Cada vez que escucho a Jeffrey hablar, cada vez que jugamos al voleibol, recordamos de cuánto disfrutamos estando juntos! ¡Recuerden *su* momento! ¡Vuelvan a vivirlo!

Veneno

El año pasado, durante la época de *Halloween*[1], leí un artículo interesante del periódico local. No recuerdo cuál era el periódico, pero el artículo tenía un titular que decía algo así: «No les den golosinas a las mascotas, podrían matarlas». El artículo mencionaba que cada año las mascotas se enferman, algunas mueren, solo por consumir los dulces de la temporada de *Halloween*. ¿La conclusión del periódico? Ningún dueño de mascota responsable debería permitir que su querido animal doméstico consuma cualquier dulce de *Halloween*. Es interesante que el mismo periódico no dijera nada sobre cómo, a la luz de este descubrimiento, ningún padre responsable debería darles de comer los dulces a los niños. Es decir, ¿no es razonable que si el caramelo es lo suficiente tóxico que puede envenenar a un perro hasta la muerte que tal vez no sea bueno dárselo tampoco a tus niños?

En el matrimonio, la lógica defectuosa prevalece en el siglo veintiuno.

En el matrimonio, la lógica defectuosa prevalece en el siglo veintiuno. Los hombres y las mujeres, por igual, piensan que los pervertidores de menores y los asesinos en serie son personas terribles, pero ven películas clasificadas «R» y hasta algunas veces hasta las películas «X» o «XXX» solo para ver cómo son, ¡pensando incluso que esto va a mejorar sus matrimonios! Tal vez crean por error que esto realzará sus vidas sexuales. Antes de que lo sepan, algo que es socialmente aceptable los ha enfermado en lo espiritual. Algo no muy diferente al ejemplo del caramelo o dulce de *Halloween* ha envenenado su matrimonio. Descubren que se sienten culpables, sucios, aislados, atrapados y esclavizados. Al final, se destruyen. Su matrimonio, y a veces sus mismas vidas, se envenenaron de manera mortal. Al parecer, ese fue el resultado de la supermodelo Christy Brinkley.

> Si a la pornografía se le acreditan los asesinos en serie, la violación, el homicidio, el incesto, el abuso de menores y otras conductas criminales, ¿por qué dársela a ciudadanos saludables?

La supermodelo *Cover Girl* de *Sports Illustrated* y su tercer esposo estuvieron usando la pornografía como un estímulo para mejorar su vida sexual. Cuando Christy descubrió que su esposo había estado durmiendo con su criada durante un año, ¡se quedó en estado de choque! ¿Debería haberse sorprendido? Si la pornografía la «disfrutaron» todos sus esposos, ¿hay que preguntarse por qué los tres le fueron infieles? Solo cosecharon lo que sembraron.

¿No es obvio? Si el caramelo envenena a los perros, ¿por qué se los damos a los niños? ¡Es veneno! Si a la pornografía se le acreditan los asesinos en serie, la violación, el homicidio, el incesto, el abuso de menores y otras conductas criminales, ¿por qué dársela a ciudadanos saludables? ¿Por qué nos atrevemos a verla? ¡Es veneno! ¿Dónde está nuestra lógica? ¿Dónde está nuestro entendimiento? Entonces, ¿cómo podemos proteger nuestras mentes y nuestros matrimonios? Dios lo dice en Filipenses 4:8:

> *Por último, hermanos, consideren bien todo lo verdadero, todo lo respetable, todo lo justo, todo lo puro, todo lo amable, todo lo digno de admiración, en fin, todo lo que sea excelente o merezca elogio.*

Solo Dios puede purificar nuestras mentes. Debemos dedicarnos nosotros mismos y nuestros matrimonios a la creatividad sana. ¡Disfruten la relación sexual! Dios la hizo para que la disfrutáramos. Busquen ayuda si sus pensamientos se han estado comprometiendo por la suciedad de este mundo. Busquen ayuda si no se pueden concentrar en su cónyuge cuando hacen el amor. Busquen ayuda si nadie más lo sabe y se encuentran atrapados... ¡Ustedes se pueden liberar! ¡Dios tiene la respuesta!

Libresencristo.org es un sitio Web cristiano que ayuda a los adictos a la pornografía. Es confidencial por completo. Da el primer paso hacia la restauración de la satisfacción sexual en tu matrimonio. Si tienes un problema en esta esfera, ¡pide ayuda! ¡Tu matrimonio lo merece!

> Da el primer paso hacia la restauración de la satisfacción sexual en tu matrimonio. Si tienes un problema en esta esfera, ¡pide ayuda!

Mantén el fuego ardiendo

Todos tenemos hormonas. A todos nos atrae el sexo opuesto. ¿Cómo sabemos que nuestra atracción durará toda la vida? ¿Cómo podemos estar seguras de que si él se casa con nosotras es porque éramos *las adecuadas* y no porque *las opciones eran escasas*? Como mujeres casadas, tenemos un desafío delante de nosotras. ¿Cómo podemos mantenernos atractivas para nuestros esposos? Y los hombres, ¿cómo pueden mantener sus ojos satisfechos con la maravillosa mujer que escogieron? Hay muchísimos factores en juego en un matrimonio, ¡al considerarlos te puede dar un mareo! Por ejemplo, analiza el asunto de la atracción sexual.

Cuando la gente se casa, casi siempre sube de peso. Quizá se deba a que la nueva esposa quiera cocinarlo todo como una gastrónoma para su nuevo esposo. Tal vez sea porque la nueva esposa no pueda cocinar y deban comer siempre fuera. A lo mejor es porque las únicas recetas que conoce la nueva esposa son las de galletitas, tartas y panes dulces. En nuestro caso, fue porque nos llevamos toda la tarta de boda con nosotros para la luna de miel.

Nuestra tarta de boda fue elaborada. En un esfuerzo por ahorrar dinero, me ofrecí de voluntaria en una pastelería por unos meses, sin recibir pago. Tenía la intención de hacer mi propia tarta. Por fortuna, la pastelería me sorprendió al compensar mi ardua labor con una maravillosa tarta de tres pisos. Los tres pisos centrales de la tarta se hicieron con chocolate blanco escarchado de importación, una capa encima con uvas del valle de Napa y dos palomas de porcelana blanca. Las dos tartas grandes de los costados eran de zanahoria con queso crema glaseado. Todo era como para los amantes de la buena mesa y de una de las pastelerías más finas del valle.

Mis padres se estaban divorciando, así que pagamos casi todo nosotros mismos. Esto significaba que éramos muy económicos. Jeffrey llevó puesto el traje de su abuelo y yo me puse el vestido de boda de su madre. Varios amigos nos dieron el regalo de un mes en hoteles y casas de amigos que pusieron a nuestra disposición, todos en la línea costera de California, para nuestra luna de miel.

Nuestra comida, planeamos, también vendría de la boda. Comeríamos toda la tarta y los entremeses que quedaran después del banquete. ¡Pusimos toda la comida en cajas con hielo y emprendimos nuestra aventura! Alrededor de las dos semanas en nuestra luna de miel, nos percatamos que yo subía de peso. Es probable que Jeffrey también, pero no lo *notábamos*. Poco después, Jeffrey se enfermó, o algo así, según mi opinión. Yo me estaba dando una ducha. Mientras tanto, seguía escuchando que descargaba el inodoro… ¿veinte veces? «Jeffrey, ¿estás bien?», le pregunté. «Estoy bien, amor», me contestó. Estaba bien… ¡hasta que lo encontré! Me envolví en una toalla, salí de la ducha y allí estaba él, con mi tarta de boda de chocolate importado, ¡descargándola toda por el inodoro!

Me quedé en estado de choque y, por un momento, furiosa y sin palabras. Sin embargo, las nubes se disiparon y el sol comenzó a brillar.

Empezaba a ver la luz. El día de nuestra boda aprendí que Jeffrey y yo éramos muy económicos. ¡El día en que descargó por el inodoro la tarta de boda aprendí que Jeffrey valora más mi apariencia que el ahorro de dinero! Aprendí que un hombre se afecta en lo personal por la apariencia de su esposa. Aprendí que mi apariencia era tan personal para mi esposo que cuando subí de peso, era casi como un bofetón. Cuando me mantengo en forma, ¡es como un beso! Aunque en ese momento sintiera como que le abofeteaba, para mí no era así. Nunca lo golpearía, ni él me lo haría jamás a mí, por loco que estuviera. En vez de eso, aprendí una lección invaluable. Mi peso es importante para nuestra vida sexual y para nuestra relación.

> El día de nuestra boda aprendí que Jeffrey y yo éramos muy económicos. ¡El día en que descargó por el inodoro la tarta de boda aprendí que Jeffrey valora más mi apariencia que el ahorro de dinero!

Esto es cierto para casi todos los hombres y las mujeres. ¡Créelo! Si tú eres alguien que lucha con su peso, conozco tu lucha. Yo he peleado la batalla en contra de las «libras excesivas» también. Aun así, he descubierto que mi esposo agradece en verdad mis esfuerzos por bajar de peso y me apoya, en especial, cuando amamantaba a mis hijos.

Quizá siempre busquemos maneras de alentarnos de manera mutua en nuestras luchas. Tal vez siempre aspiremos a conservar nuestro atractivo físico. A lo mejor aspiremos siempre a ser las «fantasías» de nuestros esposos. Es posible que nos mantengamos en buena forma no solo por nosotros, ¡sino por esos que amamos! Los esposos, también, tienen el deber. Cuídate. Es un regalo para tu cónyuge que no tiene precio. Obras son amores y no buenas razones.

Expectativas sexuales

Cuando Jeffrey y yo nos casamos, ¡estábamos muy excitados por tener relaciones sexuales la primera vez! Iba a ser asombroso, maravilloso... ¡y lo fue! Sin embargo, hubo algunos detalles, muchos en realidad, de los que no estábamos enterados. Por ejemplo, no sabía que los hombres no podían hacer el amor día y noche sin parar. Mi expectativa sexual era pasar alrededor de un mes en la cama que me compensara todos los años que había esperado.

Al cabo de una semana, noté que Jeffrey estaba ojeroso, perdía peso y ya no estaba tan excitado como al principio. ¿Estaba enfermo? ¿Ya no le atraía? Ni siquiera tenía hambre. Cuando descubrí la verdad, ¡me ofendí! ¡Estaba exhausto! ¡Necesitaba un descanso! Pobre Jeffrey. ¡Y pobre egoísta de mí! ¡Estaba matando a mi esposo a la antigua! No obstante, ¿cómo se suponía que lo supiera? No sabía cuántas veces un hombre puede hacer el amor por día ni por noche. ¿Alguna vez has leído un libro que diga: «Mujeres, los hombres necesitan medicamentos (Viagra) o descanso para mantenerse en constante estado de erección»? ¿Quién le dice a uno esas cosas?

Cuando Jeffrey me dijo que necesitaba algún descanso, ¡lo tomé de manera personal! (Me habían engañado, ¡ya sabes cómo interpretan la relación sexual en las películas!). Eso fue hace casi veinte años...

Después de unos veinte maravillosos años de matrimonio aprendiendo cómo amar y poner primero al otro, ¡soy yo la que a veces estoy cansada, tengo arrugas alrededor de los ojos y necesito un descanso! Ahora, *soy yo* la que sale corriendo... ¡Me pregunto si cambiaremos otra vez en otros veinte años o si los dos nos echaremos a correr!

Bromas aparte, nosotros hemos tenido un maravilloso tiempo de aprendizaje sobre cómo suplir las necesidades mutuas en la esfera sexual. Dios hizo tal aventura. Cuando comenzamos a pensar en lo que agrada a la otra persona, la creatividad hace que la vida sea siempre plena. El plan de Dios era, ya sabes, darnos el regalo de la creatividad.

> **Cuando comenzamos a pensar en lo que agrada a la otra persona, la creatividad hace que la vida sea siempre plena.**

¿Cómo estás desarrollando tu vida amorosa? ¿Comprendes las necesidades de tu cónyuge? ¿Le criticas cuando no quiere tener relaciones sexuales tan a menudo como tú? ¿Cómo mantienes tu excitación y tus deseos en ascenso? La comprensión es esencial para nuestra satisfacción sexual. La relación sexual es tan personal que, al darla, debemos ser capaces de confiar el uno en el otro con sinceridad.

¿Estás dispuesto a hacer lo que sea necesario por esforzarte en satisfacer las necesidades y los deseos sexuales de tu cónyuge? ¿Qué puedes hacer que sería nuevo, emocionante y placentero para los dos? ¡Nosotros nunca debemos ser aburridos en la aventura íntima que Dios nos ha dado junto con nuestro amigo para siempre!

> Estudia el libro llamado «Cantar de cantares» en la Biblia. ¡Hay mucho que aprender y disfrutar en la aventura que tienes por delante!

Si has permitido que las diferencias dañen tu confianza, ¡este es el momento de que las uses para mejorarla! Puedes decidir estudiar el tema con libros en la biblioteca, evitando, desde luego, las fotos y la pornografía. Lo que es mejor, estudia el libro llamado «Cantar de cantares» en la Biblia. ¡Hay mucho que aprender y disfrutar en la aventura que tienes por delante! ¡Prepárate y espera toda una vida emocionante! Esto comienza con tu elección. Así que, ¡escoge lo mejor para tu vida amorosa hoy!

Amistad

Todos necesitamos amistades profundas. Todos las añoramos. A todos nos hace falta que satisfagan nuestras necesidades aun mientras satisfacemos las necesidades del otro. Sin una amistad profunda, los seres humanos experimentan «soledad». Como padres, aprendemos que para nuestros niños el «amor» significa «TIEMPO». Para los adultos, también significa lo mismo. Es más, la Biblia dice que para Dios representa mucho al igual que para los niños.

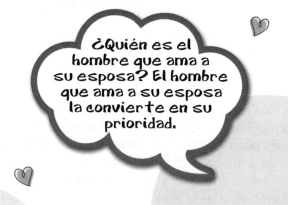

¿Quién es el hombre que ama a su esposa? El hombre que ama a su esposa la convierte en su prioridad. ¿Quién es el hombre que ama a Dios con todo su corazón? Todos sabemos que puedes acercarte más a Dios si es que lo deseas. También sabemos que podemos mejorar la calidad de nuestro matrimonio si eso es lo que deseamos. Mostramos lo que deseamos en dependencia a cuánto invertimos en el objeto de nuestro deseo.

El hombre que pone primero a Dios en cada aspecto de su vida, incluyendo su tiempo, es el que le ama en verdad. La persona que determina hacer que su cónyuge tenga importancia, éxito y amor es quien en verdad desea un gran matrimonio. ¡Decide ser esa clase de persona!

> El hombre que pone primero a Dios en cada aspecto de su vida, incluyendo su tiempo, es él que le ama en verdad.

El poder de las palabras

Sin duda, la comunicación es una de nuestras armas más mortíferas... y el más bello regalo de Dios. Cuando Jeffrey y yo nos casamos, encontramos un obstáculo. Ahora, ¡lo encontramos una amenaza! ¿Qué fue lo determinante? Todavía lo recuerdo...

El día era hermoso. Las hojas de otoño volaban con el soplo del viento. El cielo despejado en lo alto tenía la temperatura perfecta para el amor. Nosotros disfrutábamos nuestra luna de miel en un tranquilo hotel situado en un acantilado. Divisábamos el espumoso mar de Fort Bragg al norte de California. Las gaviotas reían y se elevaban por encima. Las olas del mar chocaban contra las rocas con rica y espléndida espuma. Podíamos verlo a través de la ventana encima de nuestro *jacuzzi*. ¡Todo era muy perfecto! Incluso, había morsas en el mar. ¡Y estábamos enamorados! No había nada que interrumpiera. No había nada que hacer, sino disfrutarnos el uno al otro. Entonces, cometimos el error. Hablamos. Tratamos de halagarnos el uno al otro. Esto no dio resultado. Sucedió algo así...

Se escuchaba una música suave en la cálida habitación del hotel. Como estábamos sentados en el *jacuzzi* lleno de burbujas, Jeffrey me tomó en sus brazos y dijo: «Ah, mi querida gordita...». No recuerdo el resto de lo que dijo. Solo le escuché decir la palabra «gordita». Lo dijo una sola vez, pero fue como si retumbara en la habitación: «¡GORDITA, Gordita, gordita!».

Para algunas personas, esto parecería muy dulce. Sin embargo, ¡no cabe duda que algo está perdido en la traducción entre culturas! Yo nací en los Estados Unidos de América. En mi país, si tú llamas a alguien gordo, viejo o feo,

¡le insultas a propósito! ¡Y aquí estaba mi esposo, mi AMADO esposo, llamándome GORDA en nuestra LUNA DE MIEL! Las gaviotas empezaron a graznar. Los cielos se nublaron. ¡El viento rugía mientras me preguntaba si Jeffrey había visto una morsa o a mí! ¿Cómo se atrevía a llamarme GORDA? El momento se arruinó. Ya el día no era perfecto. ¡Teníamos mucho que aprender!

Alrededor de una semana más tarde, Jeffrey y yo jugábamos tenis. Aunque Jeffrey nunca había recibido lecciones, ¡lo estaba haciendo fantástico! Cuando tuvimos un rato de descanso, riendo le dije: «Jeffrey, ¡tú eres un ANIMAL!». En mi país, eso significaría que Jeffrey era un musculoso hombre dinámico. Ya sabes, ¡ese que es un gran atleta! Sin embargo, Jeffrey solo escuchó: «¡ANIMAL, Animal, animal!». *Mi esposa piensa que soy un animal.* Por la mirada de Jeffrey, sabía que algo andaba mal. Cuando habló, me lo confirmó. «¿Qué tipo de animal, Wenona?» Me dejó en estado de choque. ¿Pensó que yo insinuaba que era un «burro»? ¡Este matrimonio intercultural iba a ser un poco más complicado de lo que habíamos pensado!

¿Quién inventó la idea de los apodos? ¡Deberían desaparecerlo! Si los apodos en un principio se usaban como términos de cariño, ¡tuvo que ocurrir algo muy serio! ¡Los apodos son similares a los insultos, dependiendo de la intención de quien los dice! No comunican, ni deberían comunicar, lo que queremos decirle en realidad a nuestro cónyuge.

¿Quién inventó la idea de los apodos? ¡Deberían desaparecerlo!

He escuchado a personas de piel blanca llamarles «Cloro» y a las personas de piel oscura llamarles «Pasa». Mi abuela le decía a mi hermano «Monstruo» y a mí «Papusca». Ninguno de esos nombres nos hace sentir bien a mí ni a nadie. Es agradable saber que la gente te estima de corazón. Sin embargo, ¿tienen que insultarte con un apodo para mostrarlo? ¡Nos gustaría sugerir que debiéramos ser muy sabios y cuidadosos con nuestras palabras! Considera lo que dice la Biblia:

> En la lengua hay *poder de vida y muerte*; quienes la aman comerán de su fruto.
> Proverbios 18:21

A partir de nuestra luna de miel, hicimos un esfuerzo intencional para no decir ninguna palabra que pudiera tomarse a mal. Seguimos usando apodos para nuestros hijos, pero escogemos nuestras palabras con sumo cuidado. Víctor es nuestro «ángel de ojos azules» y las niñas son nuestras «princesas». André es nuestro «príncipe». En nuestro hogar, consideramos un delito ponerles motes a otros. ¡Se castiga! ¡Esta sencilla regla ha ayudado a nuestra relación mutua, así como a las relaciones de nuestros hijos entre sí!

Si has caído en la trampa de comparar a tu cónyuge o a tus hijos con cosas desagradables, este es el momento de suspenderlo.

Si has caído en la trampa de comparar a tu cónyuge o a tus hijos con cosas desagradables, este es el momento de suspenderlo. En lugar de decir: «Estás comiendo como un cerdo», di: «Estás comiendo como el que no sabe lo que es mejor». No tenemos que usar insultos ni apodos para transmitir nuestra idea. ¡Cuánto mejor sería decir palabras de sanidad, edificación y aliento que palabras que hieren y humillan! ¡Esta sencilla medida ha traído mucha paz a nuestro hogar!

> ¡Las palabras son poderosas! Son tan significativas que cada nombre que les das a tus hijos debería ser una profecía sobre ellos. ¡Su nombre debería ser una bendición!

¡Las palabras son poderosas! Son tan significativas que cada nombre que les das a tus hijos debería ser una profecía sobre ellos. ¡Su nombre debería ser una bendición! Hemos visto cómo Dios honra nuestras oraciones y bendice a nuestros hijos. Nuestro primer hijo no era grande. ¡Estaba ictérico (amarillo), enojado, su cabello le caía por delante de sus orejas y tenía problemas de estómago! ¡No dejó de gritar ni nos dejó dormir durante los dos primeros años de su vida! Estábamos tan felices por tener este niño de milagro que ni siquiera notamos lo difíciles que fueron esos años. En ese entonces, observando a ese pequeño llorar, podíamos ver la fortaleza de Dios en él. Le pusimos el nombre de «André David», el cual significa «hombre fuerte, amado de Dios». El Señor honró ese nombre. Hoy en día, nuestro hijo es por completo lo que predijo su nombre que sería. ¡Estamos muy orgullosos de él!

A nuestro segundo hijo le pusimos por nombre «Víctor Ariel» que significa «león victorioso de Dios». ¡Nuestro «ángel de ojos azules» ha estado trayendo a personas para conocer a Jesús desde que tenía siete años de edad, ¡y los bautiza en nuestra piscina! ¡Él también ya ha vivido su nombre!

Nuestras hijas se llaman «Belani Celest», el cual inventamos al combinar los nombres de «Bel» y «Anna». «Bel» significa «bella». «Anna» significa «gracia» y «Celest» es por «cielo». «Belani» significa «Bella gracia del cielo». De manera similar, «Yanabel Colette» significa «Bello regalo del Señor: ¡Lista para la batalla!». En cada caso, el nombre describe a la perfección a nuestros hijos tal y como son hoy. Estamos asombrados. ¡Estamos muy agradecidos! ¡Dios honró los nombres que les pusimos a nuestros hijos!

Los patriarcas de la Biblia hablaron bendiciones proféticas sobre sus hijos. En la actualidad, tú y yo todavía podemos hablar bendiciones sobre nuestros hijos... una bendición que honrará Dios. ¡Tus palabras son significativas! ¡Úsalas con sabiduría! ¡Nuestras palabras son poderosas! ¡Los nombres son poderosos! Nunca uses de manera impropia el nombre de Dios. ¡Nunca uses de manera impropia el nombre de cualquier persona!

Dios permita que tus palabras sean sinceras y verdaderas. Que edifiquen y alienten. ¡Que sean de bendición!

Dios permita que tus palabras sean sinceras y verdaderas. Que edifiquen y alienten. ¡Que sean de bendición! ¡Que promuevan la bondad que quieres ver en tu cónyuge! Que veas la bendición de las palabras que pronuncias en las vidas de tus seres amados... ¡durante toda tu vida! ¡Que tus palabras glorifiquen siempre a Dios! Amén.

Nota
1. *Halloween*, nombre anglosajón aplicado a la celebración pagana de la noche del 31 de octubre.

CONCLUSIÓN

El olvido de poner primero a Dios

¿**D**ios es solo una creencia? ¿Una religión? ¿Una muleta? ¿Un salvavidas en tiempos de necesidad?

Un hombre se encontraba colgado de un precipicio después que fallara su equipo para escalar. De inmediato, empezó a tratar de liberarse y a retroceder en el ascenso. No tuvo otra opción, sino subir, desde que perdió el resto de la cuerda. Un movimiento más en falso y caería hacia su muerte. Después de intentar librarse por varias horas, al fin se rindió y empezó a clamar por Dios:

—Dios, ¿estás allí?... Dios, por favor, responde...

En ese momento se escuchó una voz profunda que dijo:

—Soy Dios... ¿qué puedo hacer por ti?

—Dios, por favor, ayúdame —respondió.

—Tú me llamaste en tiempo de necesidad, aquí estoy... —le respondió entonces Dios—. ¿Confías en mí?

—Por supuesto que confío en ti —respondió el hombre con desesperación—. Por favor, ¡ayúdame ahora!

—Entonces —le respondió Dios—, suelta la cuerda.

Por un momento, el alpinista se quedó en silencio y sudando. Miró a su izquierda y a su derecha, de arriba abajo, y gritó:

—¿No hay otra persona allí que pueda ayudarme?

¿POR QUÉ DIOS?

¿Dios es un bromista? ¿Era la idea de religión del hombre hacer la vida más interesante? ¿Es Dios, como la religión, algo que no aceptan las mentes lógicas? ¿Cómo puede ser que nuestro sistema educativo enseñe que el origen de la vida es muy diferente al que creemos? ¿Es verdad que la ciencia y otros campos de la educación contradicen la Biblia? ¿Tiene Dios la respuesta a las preguntas del mundo? ¿O la tienen Charles Darwin y Abraham Maslow? ¿Qué nos han enseñado con relación a nuestras necesidades básicas en el mundo humanista donde vivimos? Quizá se nos enseñara la «Jerarquía de necesidades de Maslow». Pregúntate: ¿Maslow comprendió como es debido lo que necesitamos para la satisfacción en la vida?

¡Cada campo honesto de estudio en la tierra debe apuntar a Dios y sus principios!

¡Cada campo honesto de estudio en la tierra debe apuntar a Dios y sus principios! Si Dios es Creador, todas las reglas en el mundo deben reflejar su carácter. Si Dios es el Creador, la buena ciencia, la matemática, la psicología y toda la educación imparcial deben dirigirse hacia Él. ¿No es así? Si hay un Creador, la buena matemática debe estar estructurada, tener absolutos, constantes, infinitos y reglas. Si hay un Creador, la buena ciencia debe señalar la incapacidad para crearse de la «materia», el orden de la creación, la complejidad y la sincronía de toda la creación y el hecho de que se desgasta el universo. Si hay un Creador, la buena psicología debe probar que la neurosis comienza cuando las personas rechazan los principios de Dios del perdón y el amor, y no piensan en las cosas que son admirables y verdaderas en Él.

Si hay un Creador, este mundo debe empeorarse cada vez más a medida que se aparta de sus leyes de amor por Él (Dios) y nuestro prójimo. Si Dios lo hizo todo, ¡la creación entera debe apuntar hacia Él!

JERARQUÍA DE NECESIDADES DE MASLOW

Abraham Harold Maslow fue un psicólogo humanista... Maslow estableció una teoría sobre la jerarquía de las necesidades. Todas sus necesidades básicas se derivaban de los instintos, al igual que los instintos en los animales.

Maslow estableció una jerarquía de cinco necesidades básicas. Más allá de las mismas, existían niveles superiores de esas necesidades. En los niveles de las cinco necesidades básicas, la persona no siente la segunda necesidad hasta que se satisfagan las exigencias de la primera, ni la tercera hasta que se satisfagan las de la segunda, etc. Las necesidades básicas de Maslow eran como siguen:

1. Fisiológicas
2. Seguridad
3. Amor, afecto y pertenencia
4. Estima
5. Autorrealización

Maslow declaraba que después que se suplen las cinco necesidades básicas, entonces y solo entonces hacían que en las necesidades del hombre se incluyeran las de entendimiento, apreciación estética y las espirituales en sí[1].

¿Qué dice la Biblia acerca de las necesidades más básicas del hombre? Veamos...

Él es la imagen del Dios invisible, el primogénito de toda creación, porque por medio de él fueron creadas todas las cosas en el cielo y en la tierra, visibles e invisibles, sean tronos, poderes, principados o autoridades: todo ha sido creado por medio de él

y para él. Él es anterior a todas las cosas, que por medio de él forman un todo coherente.
Colosenses 1:15-17

> **No habría universo, ni tierra, ni aire, ni seres humanos, ni animales si no fuera por DIOS. Así que Dios es el PRIMER nivel.**

Según este pasaje, no habría universo, ni tierra, ni aire, ni seres humanos, ni animales si no fuera por DIOS. Así que Dios es el PRIMER nivel. Él es la base para nuestra vida y para todas las cosas en el universo, ya sean animadas, inanimadas, filosóficas o científicas. Dios es el PRIMER nivel.

El primer nivel de Maslow son las necesidades fisiológicas del hombre. Aunque Maslow tuviera razón debido a que las necesidades en este aspecto son bastante elementales como el oxígeno, el alimento, el agua y el sueño, debemos preguntarnos por la fuente. ¿Es este el primer nivel? ¿De dónde obtenemos el oxígeno, el alimento y el agua? Dios es la base de todo esto. Él los creó en el principio en el capítulo 1 de Génesis y Él los ha provisto desde entonces. De manera milagrosa, Él les proveyó a los hijos de Israel el alimento y el agua mientras vivieron en el desierto durante cuarenta años, ¡al darles maná del cielo y agua sacada hasta de las rocas! Si encontramos que nuestras necesidades fisiológicas y biológicas no se suplen, ¡Dios puede proveer!

El segundo nivel de Maslow son las necesidades de seguridad. Maslow tiene razón también acerca de las necesidades del hombre por seguridad. Sin embargo, ¿de dónde viene nuestra seguridad?

> A las montañas levanto mis ojos; ¿de dónde ha de venir mi ayuda? Mi ayuda proviene del SEÑOR, creador del cielo y de la tierra. No permitirá que tu pie resbale; jamás duerme el que te cuida. Jamás duerme ni se adormece el que cuida de Israel. El SEÑOR es quien te cuida, el SEÑOR es tu sombra protectora. De día el sol no te hará daño, ni la luna de noche. El SEÑOR te protegerá; de todo mal protegerá tu vida. El SEÑOR te cuidará en el hogar y en el camino, desde ahora y para siempre.
>
> Salmo 121

De nuevo, Dios es la respuesta a nuestras necesidades de seguridad. ¡Dios es nuestra protección!

¿Qué me dices del tercer nivel de Maslow? Los seres humanos necesitan amor, afecto y pertenencia. Sin embargo, ¿de dónde vienen el verdadero amor, el compromiso, la fidelidad y la pertenencia? Si el amor, el afecto y la pertenencia se basaran en cualquier fuente terrenal, ¿podrían durar? La Biblia nos aclara estos conceptos:

> Queridos hermanos, amémonos los unos a los otros, porque el amor viene de Dios, y todo el que ama ha nacido de él y lo conoce. El que no ama no conoce a Dios, porque Dios es amor.
> 1 Juan 4:7-8

> El mundo se acaba con sus malos deseos, pero el que hace la voluntad de Dios permanece para siempre.
> 1 Juan 2:17

Si somos infieles, él sigue siendo fiel, ya que no puede negarse a sí mismo.
2 Timoteo 2:13

¡Fíjense qué gran amor nos ha dado el Padre, que se nos llame hijos de Dios! ¡Y lo somos!
1 Juan 3:1

Dios nos escogió en él antes de la creación del mundo, para que seamos santos y sin mancha delante de él. En amor nos predestinó para ser adoptados como hijos suyos por medio de Jesucristo, según el buen propósito de su voluntad.
Efesios 1:4-5

Dios es fiel. Dios es amor. Dios nos adoptó y nos dio pertenencia.

Dios es fiel. Dios es amor. Dios nos adoptó y nos dio pertenencia. El mundo no durará, ¡pero sí permanecerán Dios y los que le obedecen! Dios nos da una familia permanente y un amoroso lugar para pasar la eternidad. ¡Solo con Él podemos encontrar contentamiento y un amor puro para siempre!

Maslow dijo que la cuarta necesidad del hombre era la estima. Es cierto que todo el mundo necesita tener una saludable autoestima. Todo el mundo necesita que le respeten y aprender a respetar a otros. ¿Esta es una filosofía terrenal? El humanista solo se respeta a sí mismo o a los más poderosos que él. Sin embargo, Dios dice lo siguiente en su Palabra:

> **Den a todos el debido respeto: amen a los hermanos, teman a Dios, respeten al rey.**
> **1 Pedro 2:17**

> **No hagan nada por egoísmo o vanidad; más bien, con humildad consideren a los demás como superiores a ustedes mismos. Cada uno debe velar no solo por sus propios intereses sino también por los intereses de los demás. La actitud de ustedes debe ser como la de Cristo Jesús, quien, siendo por naturaleza Dios, no consideró el ser igual a Dios como algo a qué aferrarse. Por el contrario, se rebajó voluntariamente, tomando**

la naturaleza de siervo y haciéndose semejante a los seres humanos.
Filipenses 2:3-7

Pero ustedes son linaje escogido, real sacerdocio, nación santa, pueblo que pertenece a Dios, para que proclamen las obras maravillosas de aquel que los llamó de las tinieblas a su luz admirable.
1 Pedro 2:9

En su quinto y último nivel de necesidades, ¡Maslow estableció que todo el mundo necesita autorrealización! Decía que cuando se satisfacen todas las necesidades anteriores, entonces y solo entonces se activan las necesidades de autorrealización. Maslow describía la autorrealización como una necesidad de la persona para ser y hacer todo para lo que nació.

Otra vez estamos de acuerdo con Maslow. No hay duda que cada persona se creó con dones y un propósito en la vida. Así lo dice la Biblia. Dios fue el Único que te planeó a ti y a tu vida por adelantado:

Antes que te formase en el vientre te conocí.
Jeremías 1:5, RV-60

Además, te hizo maravilloso. Quiere que lo conozcas. ¡Dios quiere que le des gracias por eso! El rey David lo confiesa en el Salmo 139:13-16:

> *Tú creaste mis entrañas; me formaste en el vientre de mi madre. ¡Te alabo porque soy una creación admirable! ¡Tus obras son maravillosas, y esto lo sé muy bien! Mis huesos no te fueron desconocidos cuando en lo más recóndito era yo formado, cuando en lo más profundo de la tierra era yo entretejido. Tus ojos vieron mi cuerpo en gestación: todo estaba ya escrito en tu libro; todos mis días se estaban diseñando, aunque no existía uno solo de ellos.*

Maslow evaluó cinco necesidades del hombre, pero nunca llegó a comprender la importancia de Dios. ¡Subestimó a su Creador! Por lo tanto, jamás completó su proposición. Omitió que el hombre necesita a Dios en cada nivel de su vida. Omitió el hecho de que Dios es el principio. Él es el PRIMER nivel. Sin Dios como base para la vida, el hombre no tiene vida. Omitió que en cada uno de los cinco niveles de necesidades del hombre, Dios es la única y perfecta respuesta para la satisfacción. Y, por último, omitió la suprema necesidad del hombre: La satisfacción espiritual. El hombre nunca estará satisfecho en esta vida sin Dios. ¡Pregúntales a los ateos más ricos, saludables y respetados del mundo si están contentos, felices y satisfechos!

> Dios es el principio. Él es el PRIMER nivel. Sin Dios como base para la vida, el hombre no tiene vida.

Sin duda, las cinco necesidades básicas del ser humano son importantes, pero no tan básicas ni tan importantes como Dios. ¡Necesitamos a Dios para nuestra existencia misma, para la continuación de nuestra existencia y para nuestra existencia después de esta existencia!

> Porque por medio de él fueron creadas todas las cosas en el cielo y en la tierra, visibles e invisibles, sean tronos, poderes, principados o autoridades: todo ha sido creado por medio de él y para él. Él es anterior a todas las cosas, que por medio de él forman un todo coherente.
>
> Colosenses 1:16-17

¡Dios puede formar un todo coherente de nuestro matrimonio! ¡Puede hacerlo grandioso! ¡Necesitamos a Dios! Tú nunca estarás satisfecho sin Él. Tu matrimonio nunca estará satisfecho por completo sin Él. Si Dios no fue el punto de partida en tu matrimonio, ¡no es demasiado tarde para hacerlo el cimiento de tu relación! ¿Cómo lo pones primero en tu vida? Decide ponerlo primero. ¡El amor es una decisión! Como dijera el gran líder Josué:

> Por lo tanto, ahora ustedes entréguense al SEÑOR y sírvanle fielmente. Deshágansede los dioses que sus antepasados adoraron al otro lado del río Éufrates y en Egipto, y sirvan sólo al SEÑOR. Pero si a ustedes les parece mal servir al SEÑOR, elijan ustedes mismos a quiénes van a servir [...] Por mi parte, mi familia y yo serviremos al SEÑOR.
>
> Josué 24:14-15

EL PARACAIDISTA

El servicio a Dios se parece muchísimo al paracaidismo... ¡El paracaidismo es como Dios en el sentido de que o bien estás en el avión o fuera de él! Tú no puedes estar en término medio. ¿Estás todavía en el avión o ya saltaste?

¿Es la religión una interesante adición a tu vida o Dios es tu vida? ¿Él es alguien a quien escogiste para servirlo de todo corazón? ¿Eres una de esas personas que va a misa o a la iglesia sin fallar, pero nunca has estudiado las Sagradas Escrituras de Dios, la Biblia, con el propósito de conocerlo de manera personal? ¿Llevas a tu familia a la iglesia, pero nunca has considerado, ni hablado de cómo adorar y servir a Dios, ni de cómo tomar decisiones que le agraden? Si nunca has decidido seguir de modo consciente a Dios en todos los aspectos, ¡no eres su seguidor! Analiza lo que nos dice la Biblia:

> *Conozco tus obras; sé que no eres ni frío ni caliente. ¡Ojalá fueras lo uno o lo otro! Por tanto, como no eres ni frío ni caliente, sino tibio, estoy por vomitarte de mi boca.*
> **Apocalipsis 3:15-16**

> *Escucha, Israel: El SEÑOR nuestro Dios es el único SEÑOR. Ama al SEÑOR tu Dios con todo tu corazón y con toda tu alma y con todas tus fuerzas.*
> **Deuteronomio 6:4-5**

Si nunca has decidido amar a Dios con todo tu corazón y vida, ¡todavía estás en el avión!

Si nunca has decidido seguir de modo consciente a Dios en todos los aspectos, ¡no eres su seguidor!

Desconoces la emoción y la aventura que te aguardan porque jamás has dado el salto de fe desde el avión de la vida. Da un bien preparado y consciente salto de fe en las manos de Dios. ¡Él no es bromista! ¡Él no te destruirá!

> El Señor no tarda en cumplir su promesa, según entienden algunos la tardanza. Más bien, él tiene paciencia con ustedes, porque no quiere que nadie perezca sino que todos se arrepientan.
> 2 Pedro 3:9

Si no conoces a Cristo, no has descubierto el asombroso amor que Él desea que experimentes a fin de que te sientas satisfecho. Si no conoces a Jesús, ¿cómo puedes saber que estás casado con la persona que Él creó para ti? ¿En quién confiarás? ¿En ti mismo?

Solo Dios puede ver el futuro. Y ahora que estás casado, ¿quién puede arreglar el desastre que has hecho al seguir a tu corazón o quién puede mejorar lo que ya es bueno? El único que nos creó nos hizo para un propósito. Si Él sabe cuántos cabellos tenemos en nuestra cabeza, de seguro sabe quién sería la mejor pareja para nosotros. Entonces, una vez casados, Él sabe cómo podemos ser felices y estar satisfechos. En Romanos 8:28 (RV-60), Dios nos dice:

A los que aman a Dios, todas las cosas les ayudan a bien, esto es, a los que conforme a su propósito son llamados.

Dios puede guiarte y hacer de tu vida lo mejor si confías en Él como tu Señor. Todo lo que tienes que hacer es decidirlo. El amor por nuestro Dios es una decisión. El amor por una pareja es una decisión. El amor es una decisión. Si decides poner tu amor y confianza en Dios, eliges a alguien que nunca les ha fallado a esos que confían en Él.

El amor es una decisión que cambiará tu vida.

Si crees que Jesús es Dios, que Él murió por tus pecados, que Él resucitó de la muerte, que Él regresó al cielo y que Él volverá de nuevo un día... díselo. Pídele que te perdone por las veces que has quebrantado su ley de amor. Pídele que te perdone... y Él lo hará. Pídele que te guíe y Él lo hará. El amor es una decisión que cambiará tu vida.

Si hay algo en tu vida que amas y deseas más que a Dios, has perdido tus prioridades. Analiza lo que Él nos dice en su Palabra:

> Dios habló, y dio a conocer todos estos mandamientos:
>
> «Yo soy el SEÑOR tu Dios. Yo te saqué de Egipto, del país donde eras esclavo.
>
> »No tengas otros dioses además de mí.
>
> »No te hagas ningún ídolo, ni nada que guarde semejanza con lo que hay arriba en el cielo, ni con lo que hay abajo en la tierra, ni con lo que hay en las aguas debajo de la tierra. No te inclines delante de ellos ni los adores. Yo, el SEÑOR tu Dios, soy un Dios celoso. Cuando los padres son malvados y me odian, yo castigo a sus hijos hasta la tercera y cuarta generación. Por el contrario, cuando me aman y cumplen

mis mandamientos, les muestro mi amor por mil generaciones.
Éxodo 20:1-6

¡Dios quiere bendecirte! Él quiere darte cosas maravillosas y una vida que marque huellas en la historia. No obstante, si tus prioridades no son rectas, ¡Él no quiere dejar que te arruines! Así como a cada padre bueno le encantaría concederles a sus hijos los deseos de su corazón, ¡la sabiduría impone que hacerlo así los arruinaría! A menos que el hijo sea diligente, agradecido en verdad y dadivoso, todos esos regalos lo harán egoísta, egocéntrico e ingrato.

Si estamos dispuestos a hacer todo lo posible por conocer y obedecer a Dios, si somos diligentes en aplicar la ley del amor de Dios, ¡Él moverá cielo y tierra para bendecirnos a nosotros y a nuestros matrimonios!

No te quedes inmóvil como una piedra. Sé una rueda en movimiento que siga a Dios. Él te hará volver y te guiará de modo que recorras el camino de la vida que te traerá satisfacción. Él es el Buen Pastor. ¡Él sabe cómo guiar a su oveja!

¿Tienes problemas en tu matrimonio debido al alcohol, la infidelidad y la falta de dominio propio? ¡Dios puede ayudarte! Tengo un amigo que me envió un correo electrónico con la siguiente historia real: Allá por la década de 1950, había un conocido locutor de radio, comediante, cantante y compositor en Hollywood, California, llamado Stuart Hamblen que se distinguía por ser bebedor, mujeriego, fiestero, etc. Uno de sus mayores éxitos en este tiempo era «I won't go hunting with you Jake, but I'll go chasing women» [No iré a cazar contigo, Jake, sino iré a perseguir mujeres].

¿Tienes problemas en tu matrimonio debido al alcohol, la infidelidad y la falta de dominio propio? ¡Dios puede ayudarte!

Un día, vino un joven predicador con una tienda de campaña de avivamiento. Hamblen lo llevó a su programa de radio para burlarse presumiblemente de él. A fin de recabar más material para su programa, Hamblen se le apareció a una de las reuniones de avivamiento. Al principio del culto, el predicador anunció: «Hay un hombre en esta audiencia que es un gran impostor». Es probable que hubiera otros que pensaran lo mismo, pero Hamblen estaba convencido que el predicador hablaba de él (algunos le llamarían convicción) y no de ninguna otra persona.

Un par de noches después, y con las palabras siguiendo atormentándolo aún, ¡Hamblen se apareció bebido a la puerta del hotel a las dos de la mañana para que el predicador orara por él! Con todo, el predicador se negó, diciendo: «Eso es entre tú y Dios, y yo no voy a estar en medio de esto». A pesar de eso, invitó a Stuart a entrar y estuvieron conversando hasta alrededor de las cinco de la mañana. En ese momento, Stuart cayó de rodillas y, con lágrimas, clamó a Dios.

Sin embargo, este no es el final de la historia. Stuart dejó de beber, dejó de perseguir mujeres, dejó todo lo que era «divertido». De modo que pronto empezó a perder el favor con el público de Hollywood. Al final, lo despidieron de la radio cuando se negó a aceptar que lo patrocinara una compañía cervecera. Le llegaron tiempos difíciles. Trató de escribir un par de canciones «cristianas», pero la única canción que tenía éxito era «This Old House», escrita por su amiga Rosemary Cloon.

Mientras seguía luchando, un viejo amigo llamado John lo llevó a un lado y le dijo:

—Todos tus problemas comenzaron cuando te "metiste en la religión". ¿Vale la pena todo eso?

—Sí —respondió Stuart.

—Te gustaba mucho la bebida, ¿no la extrañas nunca? —le preguntó su amigo.

—No —fue su respuesta.

—No entiendo cómo pudiste dejarla con tanta facilidad —le dijo entonces John.

—No es un gran secreto —respondió Stuart—. Todas las cosas son posibles con Dios.

—Esa es una frase fácil de recordar —le dijo John—. Deberías escribir una canción acerca de esto.

Y como dijeron... «el resto es historia». La canción que Carl Stuart Hamblen escribió fue «It Is No Secret» [No es secreto].

No es secreto lo que Dios puede hacer
Lo que Él hace por otros, por ti lo hará.
Con los brazos abiertos, te perdonará.
No es secreto lo que Dios puede hacer.

En todas partes del mundo, esta canción se ha cantado en iglesias y por personas que han puesto su confianza en Dios. A propósito, el amigo de Stuart era John Wayne, el famoso vaquero americano. ¿Y el joven predicador que en un inicio se negó a orar por Stuart Hamblen? Ese fue Billy Graham, ¡el más destacado evangelista estadounidense del siglo veinte!

Dios tenía todo dispuesto para Stuart Hamblen. No era fácil, pero Él lo transformó y bendijo. Debido a que Stuart Hamblen confió en Dios, ¡escribió una canción que todavía hoy sigue conmoviendo las vidas de las personas!

¡Deja una huella en la historia y encuentra el propósito para tu vida! Decide darle a Dios todo tu corazón. ¡Tú no puedes cambiarte siquiera a ti mismo! ¡Solo Dios puede hacer cambios duraderos en tu vida y en tu matrimonio!

> No será por la fuerza ni por ningún poder, sino por mi Espíritu —dice el SEÑOR Todopoderoso.
> Zacarías 4:6

¿Sabías que los ojos de Dios recorren el mundo en busca de un hombre que le ame de todo corazón?

> El SEÑOR recorre con su mirada toda la tierra, y está listo para ayudar a quienes le son fieles.
> 2 Crónicas 16:9

¡Dios tiene grandes cosas planeadas para los hombres y las mujeres que están consagrados a Él por completo! ¡Él te está buscando a ti! ¡Te está llamando! ¿No vendrías y le darías tu corazón? ¿No decidirías entregarle tu vida? ¡Tu Creador tiene buenas manos! Es confiable... ¡pues nunca ha abandonado a los que ponen su confianza en Él! Así lo reafirma en su Palabra cuando dice:

> *Dios hizo todo hermoso en su momento, y puso en la mente humana el sentido del tiempo, aun cuando el hombre no alcanza a comprender la obra que Dios realiza de principio a fin [...] que todo lo que Dios ha hecho permanece para siempre; que no hay nada que añadirle ni quitarle; y que Dios lo hizo así para que se le tema.*
> Eclesiastés 3:11, 14

¡El Señor permita que no malgastes tu vida! ¡Que tu matrimonio sea bendecido! ¡Que tu carácter y legado espiritual dejen una huella indeleble en la historia que perdure para siempre!

Nota

1. Véase el artículo «Maslow's Hierarchy of Needs», tomado de *Psychology—The Search for Understanding*, por Janet A. Simons, Donald B. Irwin y Beverly A. Drinnien, West Publishing Company, Nueva York, 1987; y que aparece en la página Web http://honolulu.hawaii.edu/intranet/committees/FacDevCom/guidebk/teachtip/maslow.htm; accedido el 2 de noviembre de 2009.

Acerca de los Autores

El Dr. Jeffrey D. De León es Director Ejecutivo de Liderazgo Juvenil Internacional, junto con su esposa, Wenona, han compartido con miles de jóvenes, líderes juveniles, parejas, padres y pastores a través de todo el mundo. Su programa radial «Al Punto» (que se transmite los miércoles de nueve a once de la noche, hora estándar del este, y por www.cvclavoz.com), se escucha en más de veinticinco países. Son una pareja de respetados esposos y padres con una gran pasión por ayudar a la familia. Jeffrey D. De León recibió su maestría en Columbia, Carolina del Sur, y su doctorado en filosofía y educación de *Trinity Internacional University* en Chicago, Illinois, Estados Unidos. Sus libros continúan siendo de influencia para toda la familia y los líderes que deseen ser relevantes en su liderazgo.